今日头条

运营全攻略

李世化 / 著

云南出版集团
云南人民出版社

图书在版编目（CIP）数据

今日头条运营全攻略 / 李世化著 . -- 昆明：云南人民出版社，2021.1

ISBN 978-7-222-18600-2

Ⅰ. ①今… Ⅱ. ①李… Ⅲ. ①网络营销 Ⅳ. ① F713.365.2

中国版本图书馆 CIP 数据核字（2020）第 269710 号

项目策划：华业出版
责任编辑：刘　娟
装帧设计：华业文创
责任校对：吴　虹
责任印制：马文杰

今日头条运营全攻略

JINRI TOUTIAO YUNYING QUANGONGLÜE

李世化　著

出版	云南出版集团　云南人民出版社
发行	云南人民出版社
社址	昆明市环城西路 609 号
邮编	650034
网址	www. ynpph. com. cn
E-mail	ynrms@sina. com
开本	787mm × 1092mm　1/16
印张	15.5
字数	206 千
版次	2021 年 1 月第 1 版第 1 次印刷
印刷	北京市玖仁伟业印刷有限公司
书号	ISBN 978-7-222-18600-2
定价	48.00 元

如有图书质量及相关问题请与我社联系

审校部电话：0871-64164626　印制科电话：0871-64191534

前　言

随着互联网文化爆发式、多元化的发展，自媒体平台成为众多运营者掘金的风口。今日头条的发展，恰好符合网络发展脉络。

目前，今日头条的用户已经累积到7亿，文章、图集、视频等内容的日均阅读量总数超过18亿次，用户的平均使用时长高达76分钟，远超过其他新闻资讯类平台，逐渐成为内容分发领域的“领头羊”。

今日头条有着非常好的发展前景，不仅内容种类丰富，而且为旗下的各个项目做了多次投资。在2018年，今日头条给悟空问答投资了10亿元，给微头条投入了400亿流量，当大多数自媒体平台已进入红海期时，头条号才刚进入红利期。

在移动互联网时代，品牌之间的营销竞争越来越激烈，今日头条已经成为个人和品牌营销的风口。今日头条推出的内容创作与分发平台——头条号，已有80万创作者成功入驻，通过一系列的创作、营销让更多人看到、认识自己，获取收益。

创建一个有特色的头条账号并不难，只要创作者掌握今日头条的运营技巧和各项基本功能，就能快速上手。

本书内容一共有九章，详细解读了今日头条的运营、输出高质量内容、变现等三个方面的技巧和方法，系统性、全方面地向读者讲述今日头条的专业理论知识和实用技能，对很多想要入驻或者已经入驻的今日头条的品牌商家和个人用户而言，极具借鉴意义。

本文共分为三部分，第一、二章，讲述了今日头条的注册技巧和运营方式，帮助运营者熟练掌握今日头条的各项基本功能和规则。

第三、四、五章，分别从文章、视频和问答三个方面着手，讲述了打造爆款文章、视频和问答的技巧。

第六、七、八、九章，详细讲述了今日头条账号吸粉、变现的方法和技巧，包括提高用户留存率、数据分析、广告投放、商品销售等多个方面。

本书图文结合，逻辑清晰，利用众多案例为运营者提供了比较实用运营技巧和策略，具有很强的可操作性，非常适用于想要通过今日头条获取收益的自媒体运营者。

目 录

第一章　快速入门，今日头条注册和模块管理

第一节　今日头条的申请注册流程

怎么注册今日头条账号，开始获取自媒体收益？其实很简单，只要创作者会上网，按照下面的步骤操作即可。

一、个人号注册流程

今日头条自媒体账号的注册流程如下。

第一步：百度搜索“头条号”(电脑端)。

一般情况下，在页面的第二位置，带有“官网”二字的就是入口，如图 1-1 所示。

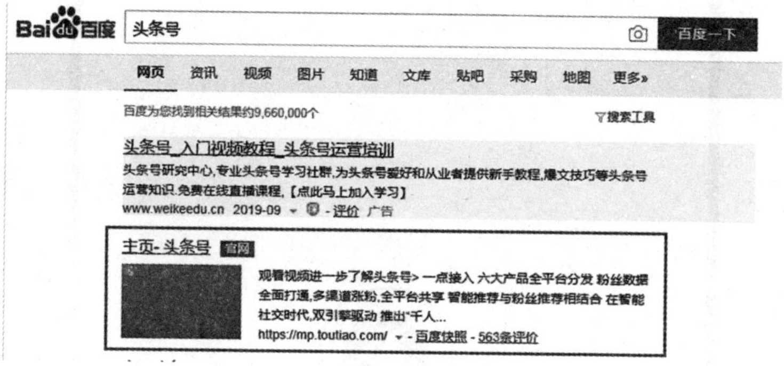

图 1-1

第二步：注册账号。

点击“头条号”，跳转到注册页面，点击“注册”按钮，进行账号注册，如图 1-2 所示。

第三步：手机号 / 邮箱注册。

在注册页面，输入手机号和验证码，点击“获取验证码”按钮，输入手机收到的验证码，点击“注册”按钮即可，如图 1-3 所示。用户还以用邮箱注册，或者用 QQ 或微信登录，但是登录后，平台会要求用户绑定手机号。

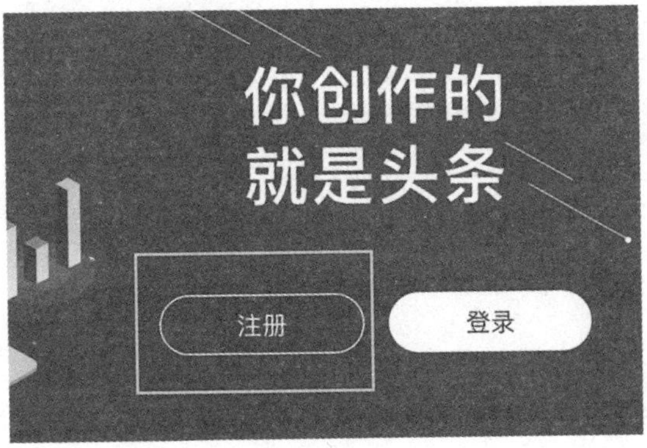

图 1-2

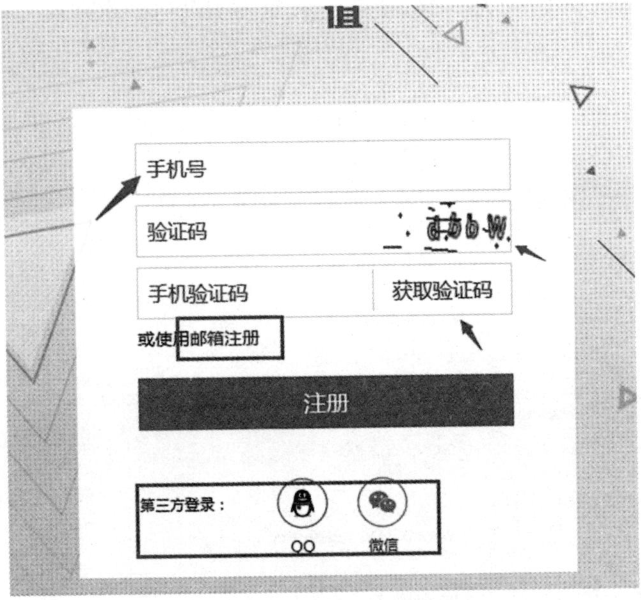

图 1-3

第四步：选择“个人”。

注册个人账号，用户选择“个人”选项，如图 1-4 所示。

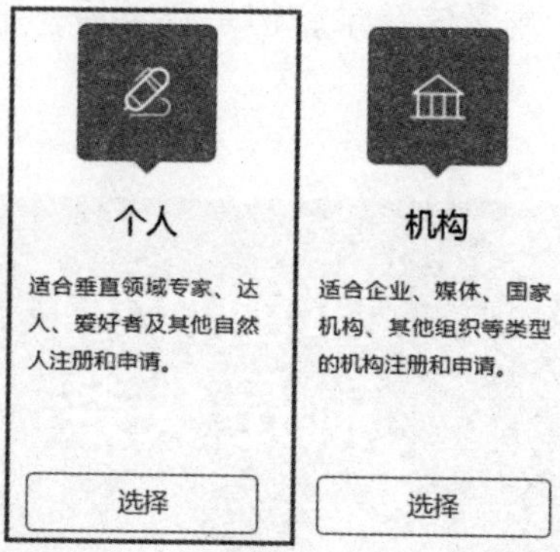

图 1-4

第五步：信息填写。

用户需要填写账号名称、账号介绍和上传账号头像，如图 1-5 所示。信息填写完成后，勾选“请同意《头条号用户注册协议》”，点击提交即可。

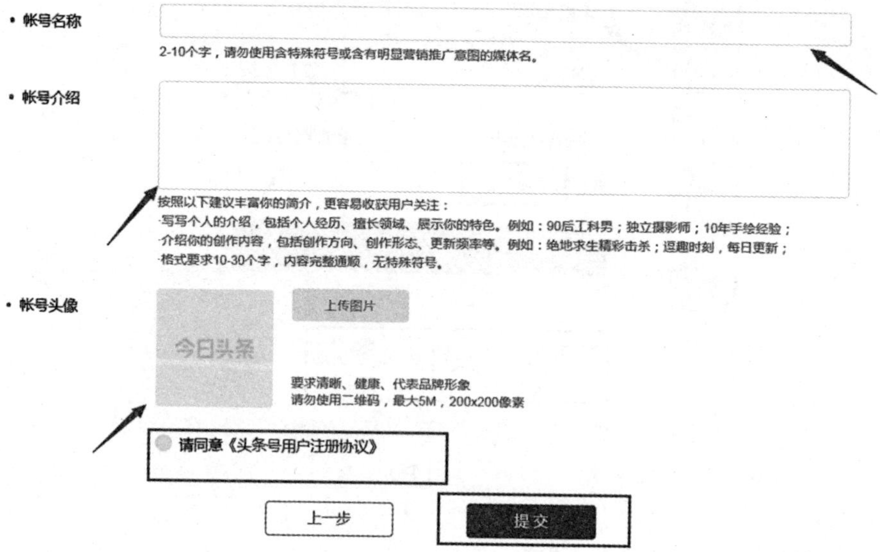

图 1-5

第六步：关联账号。

申请成功后，平台会让用户关联已有的自媒体账号，如百家号、企鹅号和微信公众号。若是没有，用户可直接点击“跳过”，如图 1-6 所示。

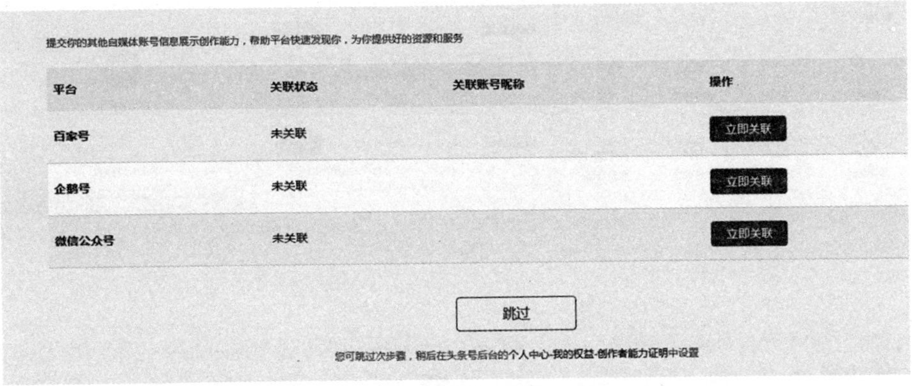

图 1-6

第七步：实名认证。

用户只有实名认证后，才能享受各项权益。实名认证只能在手机 APP 上进行，用户下载安装今日头条 APP 后，进入“我的”页面。点击“申请认证”，找到右上角的“身份未校验”选项，根据要求填写信息和上传身份证图片，如图 1-7 所示。

第八步：发表内容。

认证结束后，创作者即可发布文章、视频和进行问答了。在电脑上登录账号，进入创作者主页，以发表文章为例，点击“发头条”，进行文章的编辑，如图 1-8 所示。文字编辑结束后，可进行预览。创作者若是不想立刻发布，可存为草稿，进行定时发表的设置。

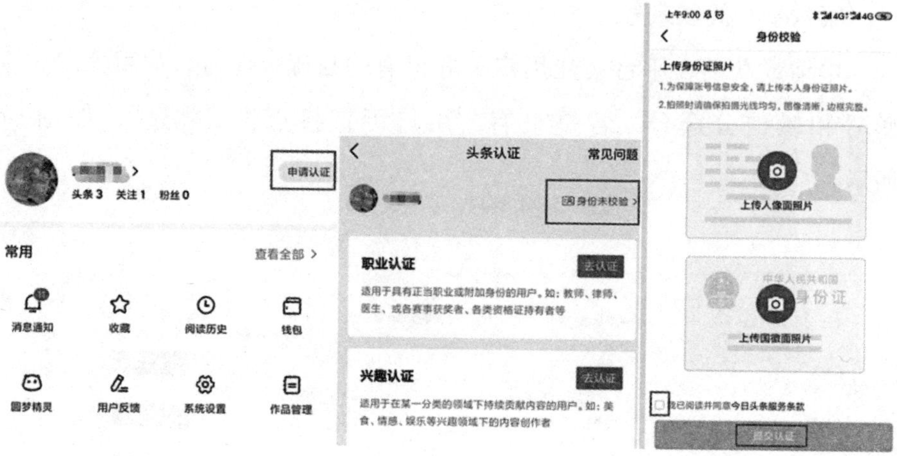

图 1-7

图 1-8

以上即为注册个人头条账号的全过程，用户想要凭借今日头条引入流量和获取收益，就马上行动起来吧！

二、企业号注册流程

今日头条企业号的注册步骤前三步和个人号注册的前三步一样，用户按照步骤注册账号成功后，便可从第四步开始进行不同的操作。

第四步：选择“机构”。

企业号注册，选择的是“机构”选项，如图 1-9 所示。

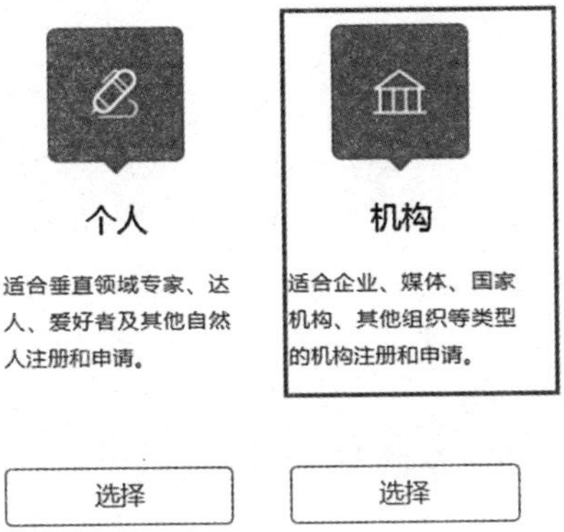

图 1-9

第五步：选择类型。

企业号分为群媒体、新闻媒体、国家机构、企业和其他组织五种，用户可根据需要自行选择，如图 1-10 所示。

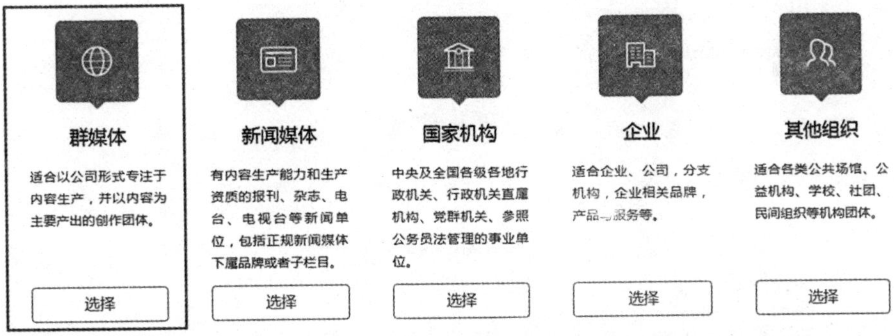

图 1-10

第六步：填写资料。

以“群媒体”为例，企业号填写的资料比较多，除了账号名称、账号介绍和账号头像外，用户还需要填写其他资质、辅助材料、组织名称、组织机构代码（营业执照）、确认书扫描件、网站、所在地、运营者姓名、运营者身份证号、运营者手持身份证照片和联系邮箱的信息。如图 1-11、图 1-12 和图 1-13 所示。

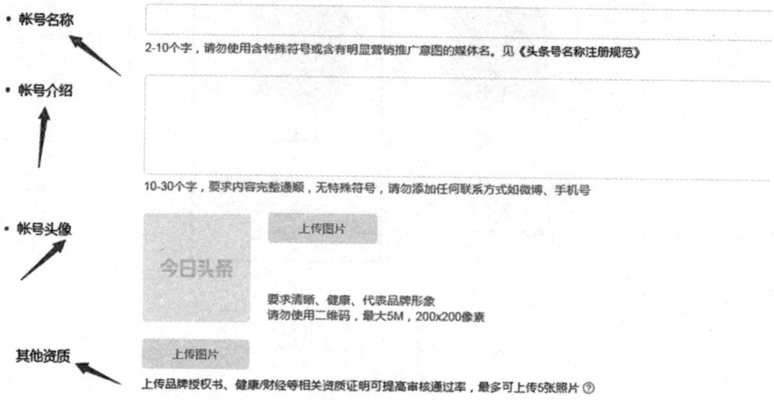

图 1-11

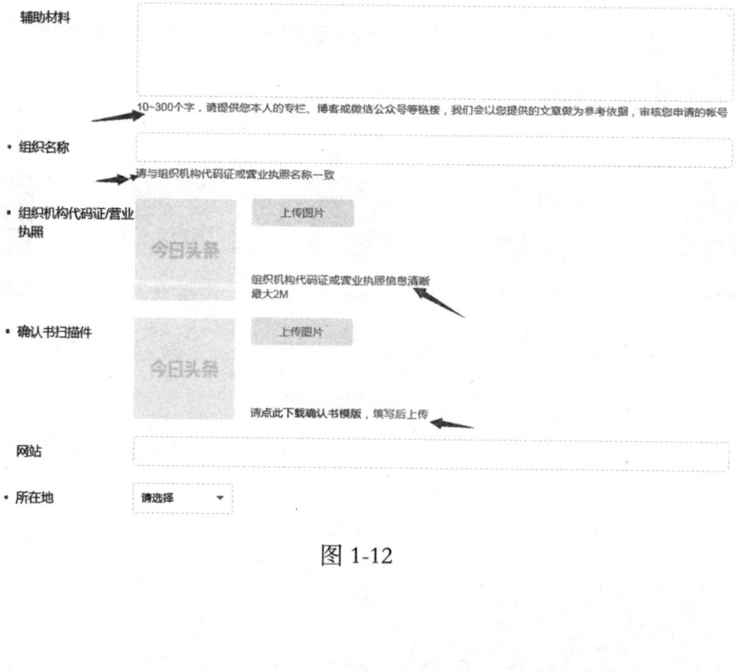

图 1-12

图 1-13

不同选项，需要填写的信息略有不同，用户需根据实际情况准备资料。资料填写结束后，用户必须勾选“请同意《头条号用户注册协议》”，才可以点击“提交按钮”注册成功。注册成功后，用户即可进行发表文章、视频和进行问答等操作。

三、注意事项

注册头条账号时，用户注意细节，可以更快通过平台审核。那么，注册账号时，有哪些注意事项呢？下面我们来具体看一下。

（1）用户注册头条号一般具有一定的营销目的，因此在注册前，用户需要对自己有个清晰的定位，明确创作方向。

（2）一个今日头条账号只有 3 次申请机会，如果 3 次申请均未通过，平台将不再接受该账号注册申请。因此，用户在填写申请资料时，一定要按照平台要求去做，增加审核通过概率。

（3）电脑和手机都可以注册账号，但是电脑端操作更方便。注意，账号注册成功后，个人实名认证必须在手机 APP 进行认证。因此，用户下载一个今日头条手机 APP 很有必要。企业号则只能在电脑端申请。

(4) 用户注册账号前，请确定账号类型。注册成功后，平台不支持类型再次修改。

(5) 账户名称不要含有特殊符号，也不要具有明显营销性的字眼。若被平台检测出来，将不予审核通过。用户填写账户介绍时，不要带有任何联系方式。

(6) 很多用户去申请企业号时，总是审核不通过，原因在于用户提供的辅助材料不够完善。用户可先去申请一个微信公众号，并发布 7 篇文章，用以作为注册材料。注意，文章一定要原创，这样才能帮助头条号快速通过审核，同时还能快速获得原创标签。用百家号和企鹅号发布也可以。

(7) 用户选择注册企业号，必须满足 5000 元才可以提现，并且需要开具发票。

(8) 用户上传手持身份证照片和身份证照片时，一定要高清，大小要小于 5M。注意，一个身份证只能申请一个账号。

(9) 申请账号前，用户可以先发表几条原创微头条。平台审核时，除了审核用户提交的各种信息资料外，还会参考用户发表过的内容。

(10) 注册时，很多项资料填写平台都会有提示，用户需严格按照平台提示填写。若是填写了要求以外的内容，审核很难通过。尤其是申请企业号时，需要用户提交资质证明质量和扫描确认书，一定要按要求来。

今日头条的账号审核，并非十分严格，只要不违规，审核会很快。用户在申请的过程中，遇到带有“协议”“常见问题”的按钮，需点击仔细阅读。这对用户账号的申请和后续的运营，有很大的帮助。

第二节　基础信息设置

设置基础信息，是头条号对创作者的基本要求，若是基础信息设置不符合平台要求，则无法通过平台审核，进而无法进行任何操作。所以，创作者一定要重视基础信息设置。

一、取一个适合头条的名字

为自己的头条账号起一个既能突出自己的专业优势又好记的名字很重要。一看就懂且容易被用户记住的名字，才更容易传播。账号名称，可以包含行业关键词、展示品牌，但是不能含有特殊符号、敏感和营销性的字眼。

头条账号的名字在一个方面可以表现账号的专业性，另一个方面可以表现账号的权威性。比如，一些官方账号会直接使用已有的大众所熟知的账户名，如图 1-14 所示。

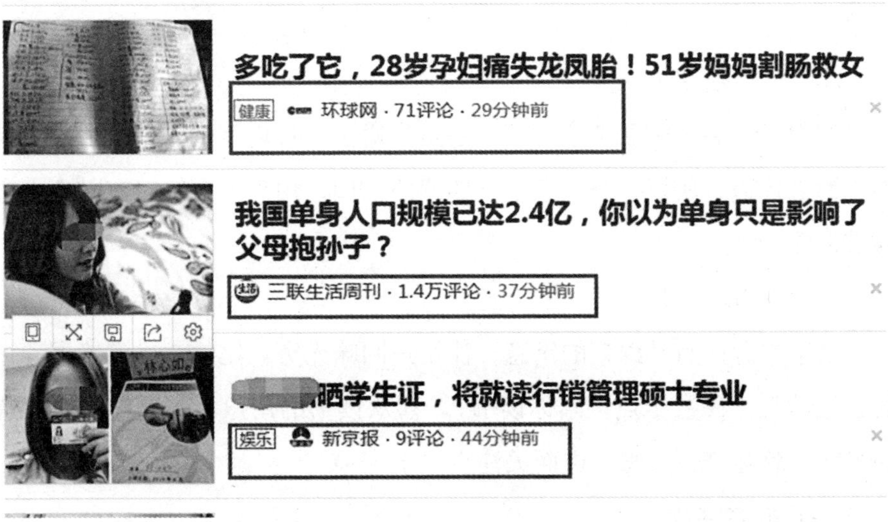

图 1-14

或者，用户想要运营一个美食类的头条号，名字可以直接与美食挂钩，让读者一目了然，如图 1-15 所示。

图 1-15

(一) 好名字的特点

一个好的名字，需拥有以下三个特点。

1. 降低用户认知成本

一个好的名字本身自带分享功能，让用户一眼看去，就形成深刻的印象。

2. 降低传播成本

如果一个名字中五个字有三个字是生僻字，难以辨别，用户记不住自然不会去传播。所以，好的名字一般朗朗上口，用户分享给好友时，也容易被记住。

3. 占领用户心智

名字本身拥有其深刻的寓意，让用户回味无穷。比如，十点读书，它的含义就是“深夜十点，陪你读书”。喜欢读书的用户看到这样富有深意的名字，就会产生共鸣，进而关注它。

(二) 取名字技巧

给账户取名字时，运用一些技巧，更容易被用户记住。下面我们具体来看下取名字的技巧有哪些。

1. 应用场景

在名字中，为用户营造一个具体的场景，比如深夜食堂、办公室奇葩说等，当用户看到类似的名字时，脑海中便会想象出一个具体的场景。

2. 突出价值

用户看了你的内容后，能够获得什么样的价值，这一点很重要。创作者可以直接在名字中告诉用户，如：顶尖文案、今日食谱等。

3. 展示品牌内涵

账号内容拥有怎样独特的特点，创作者可以选择一个比较有特点的名字来表达。

4. 使用常用字

起名字时，用户尽量使用大众熟知的词汇，如新媒体、音乐、电影等，不要自己造词。

5. 避免字数太多

名字尽量要短，限制在 2—5 个字符之间，此报容易读。名字太长，会降低账号的传播效率。

6. 添加公司 / 产品名字

如果运营者公司或者产品的名字或者名气不错，可以直接使用。

(三) 取名字常见套路

头条账号的名字并不是随意起的，用户取名字时，可以遵循下面几条原则。

1. 名字 + 内容 / 行业

这是最简单直接的取名字方式，利用这个方法取名字不仅可以让读者知道你是谁，还可以让他们明确你的头条账号主要是讲什么内容的。比如，你想要发表和美妆有关的内容，在名字中就可以加入“美妆”“时尚”等关键词。

2. 名字 + 地名特色

很多做带有地方特色的头条号，在取名字时会直接加入地名和行业特色，让用户在第一时间了解用户的信息。比如，创作者想要做西安的美食推荐，可以取名为“吃喝玩乐在西安”或者是“西安美食推荐”。

3. 名字 + 内容

内容型的账户名可以起到很好的解说作用，比如，创作者想要运营一个与足球知识有关的账号，就可以起名为“足球过人技巧”，账号的内容可以是各大足球比赛中比较精彩的过人瞬间。用户一看到名字，就知道账号讲解的是与足球相关的内容。

4. 名字 + 品牌

如果创作者以往的自媒体账号发表的内容足够优秀，已经吸引了很多的忠实粉丝，那就可以直接使用以往的账号名称。例如“ papi 酱”“办公室小野”等账号，发布的内容独具一格，已经形成了自己的品牌，聚集了大量的粉丝。在开通头条账号时，就可以直接使用，吸引平台的流量。

5. 名字 + 社群属性

创作者运营的头条号拥有特定的社群服务，可以直接将社群的属性应用到名字中。比如创作者想要运营一个儿童读物的账号，这个账号定位的目标人群就是儿童。用户为账号取名字时，可以是“5 岁儿童必读刊物”。在取名字前，用户需要先想好读者的定位，然后再来命名。

创作者在取名字时，不要为了追求所谓的高大上，择取一些生僻字，让读者阅读困难。拟定账号名称时，创作者需要秉持简单易懂的原则，突出账号的内容，吸引读者的眼球。

二、头像选择注意事项

在今日头条平台上，展示用户头像的地方一共有三个：一个是用户浏览内容时，在标题下方显示；一个是用户进入内容页时，在页面的右上角显示；还有一个就是用户进入创作者主页，显示在页面的第一位置，如图 1-16 所示。

图 1-16

头像是头条创作者向用户展示自身的一种方式，是创作者的 logo。头像选取得好，可以帮助创作者在第一时间获取用户的好感。若创作者随便选取了一个头像，既不能形成自己的品牌效应，又与账号内容不相关，可能会让创作者运营账号的第一步就遭遇滑铁卢。

创作者在设计自己的头像时，不仅要简单好看，而且要有辨识度，增加用户对账号的记忆。

(一) 设计头像的 3 个方向

创作者在设计头像时，可以从以下三个方向出发。

1. 直接用账号名字

这种头像设计方式一般适用于企业新媒体，本身已具有比较大影响。创作者可以直接将账号名字设计成用户头像，背景颜色则选择品牌颜色，如图 1-17 所示。自媒体人群和还没有形成自己品牌效应的企业新媒体，最好不要选择这种方式。

图 1-17

2. 应用人物形象

这种头像设计方式一般适用于自媒体账号，名人自带的名人效应可以为账号引入大批流量。如果运营者本身在领域内是比较出名的专业人士，那就可以直接使用个人形象设计头像。运营者还可以打造拟人化的 IP，设计一个有趣的个人漫画人物，作为账号头像。

3. 使用品牌 logo

有一些品牌已经在用户的脑海中形成了深刻记忆，只要用户看到这个 logo，就会联想到产品，进而联想到产品公司。如果创作者运营的企业账号已经拥有知名产品，便可以直接将产品的 logo 设计成头像。

若运营者是刚接触自媒体、还没有自己的企业和产品的新手，就可以先去找专业人士根据品牌的调性和内容风格设计一个 logo 形象，在运营初期就以品牌形象出现在用户面前。

（二）头像设计技巧

设计一个好的头像是有技巧的，想要让用户记住你，创作者需要遵循下面几个原则。

1. 风格简洁

头像并不是越复杂越好，设计时既要风格简洁，又能够突出优势才是最重要的。创作者需要抓住产品的优势，为用户制造记忆点。

2. 色泽鲜明

头像的颜色不能太多，也不能太少，2 个最为适中，形成对比，给用户造成视觉冲击。颜色选择亮色，少用暗色。

3. 关联名字

在头像关联产品名字，让用户一看头像就知道账号是和什么相关。比如，今日头条的头像，就取用了“头条”二字，如图 1-18 所示。

图 1-18

4. 避免模糊

模糊的头像会让用户第一眼看去就产生不好的体验感，所以，头像上的所有元素一定都要表现清楚，不能出现模糊。

(三) 如何修改头像?

头条账号申请成功后，创作者便可以进行头像修改了，具体操作步骤如下。

第一步：创作者在电脑端登录今日头条账号，在页面右上角找到个人用户信息，点击小三角形，可出现如图 1-19 所示的下拉列表，点击“账号设置”选项。

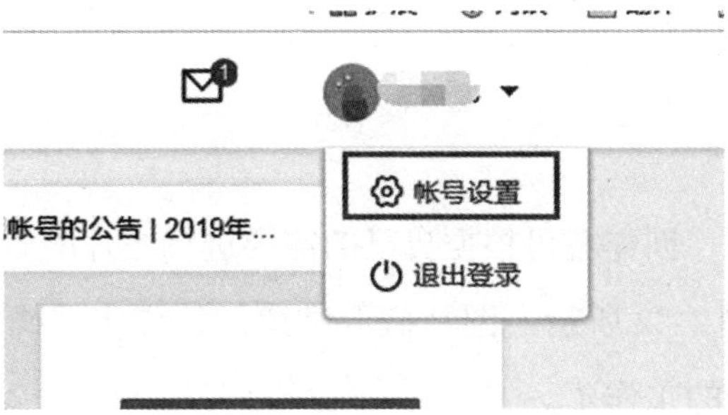

图 1-19

第二步：跳转到账号设置页面后，选择“修改信息”按钮，便可以进行头像编辑了，如图 1-20 所示。

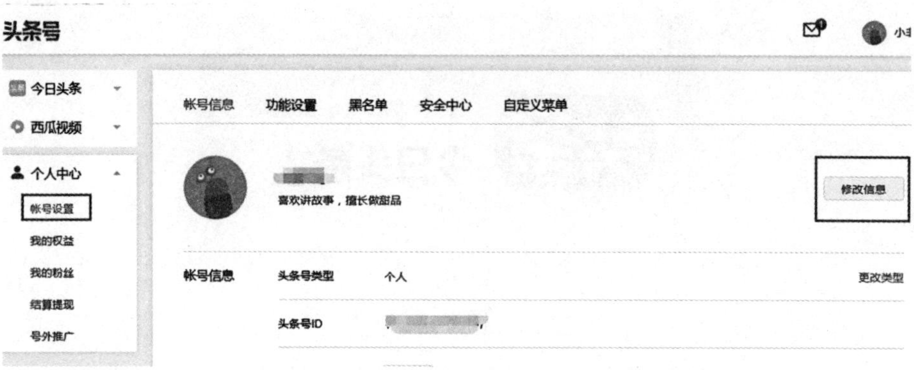

图 1-20

第三步：点击“更换图像”按钮，如图 1-21 所示，页面上会弹出一个选择图片的对话框，创作者可直接导入已经设计好的图片。

图 1-21

导入图片时，创作者可根据自己的需要进行图片的截取，选择最适合的一部分，如图 1-22 所示。图片截取结束后，点击“确认”按钮，就可以完成头像上传的工作了。

在修改头像时，创作者要注意：个人类的头条号可以无限制地修改头像，但是机构类的头条号有修改周期，每 30 天可以修改一次。若是机构类的头条账号，运营者在选取头像时，一定要慎重。

图 1-22

三、介绍最好与申请的领域相关

头条账号的介绍填写，就是创作者用一句简单的话来描述自己，以此吸引更多用户的关注。在注册头条号填写介绍时，平台文本框下方会给予创作者建议。内容可以从个人介绍、内容介绍等入手，字数最高为 30 个，如图 1-23 所示。

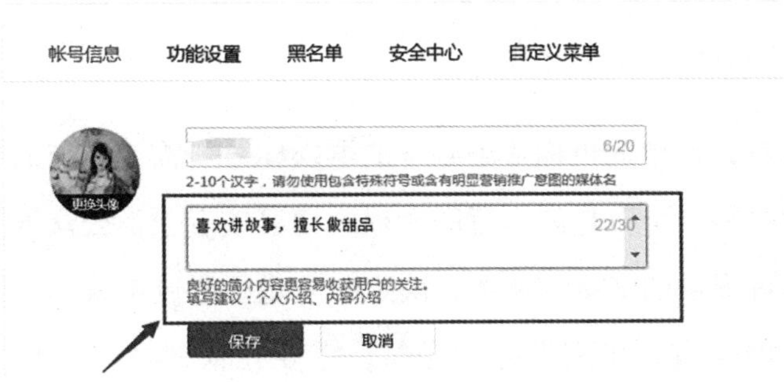

图 1-23

账号介绍看似简单，但是若掌握不到技巧，写出来的内容则没有吸引力。在写账号介绍前，创作者首先要确定好账号的申请领域，能与头条号的名字相关最好。

比如，你确定的账号领域是摄影，取的头条号的名字为“摄影天地”。那头条号的介绍则可以这样写：喜欢摄影，用相机记录生活中美丽的风景，分享给您。把介绍和领域相关联，既能让用户一眼就明白账号的内容，又会产生起好奇心。

或者，你确定的领域是分享正能量的故事，头条号的名字为“人生感悟”。那头条号的介绍就可以为：分享生活中的小故事，让你的生活充满正能量。简单直白，又点出了创作领域，让用户一看就明白。若是用户对这方面的内容有兴趣，就会去关注你的头条号。

有关于怎么写的头条号的介绍，其实官方已经给出了建议。

（1）字数限定在 10—30 个字，25 个字以内最好。

（2）头条介绍是用来描述头条号定位的。

（3）简介会显示在头条号作者的个人主页，内容要通顺完整，不能含有联系方式和特殊字符。

写好头条号的介绍，是创作者运营头条账号的基础工作。创作者做好细节工作，才能在后续的运营中事半功倍。

四、辅助材料最好图文并茂

辅助材料，是申请机构头条号下的群媒体号所需要提交的材料。平台规定的辅助材料，可以是创作者的专栏、博客或者微信公众号等链接。平台会以创作者提供的文章为参考，决定账号是否通过申请。

因此，创作者在申请群媒体号时，需要在辅助材料一栏填写运营自媒体号链接，链接越多越好，说服力越大，通过审核的概率也越大，如图 1-24 所示。

我们以微信公众号为例。

第一步：申请微信公众号。

创作者申请一个微信公众号，在填写资料时，选择的领域需要和今日头条的领域相同。若创作者已有公众号，则可省略这一步。

图 1-24

第二步：编辑文章。

创作者在右侧一栏找到“素材管理”选项，如图 1-25 所示，点击跳转后，选择“新建图文素材”，如图 1-26 所示。在跳转的页面中进行文章编辑，创作者需要对文章的内容、排版下工夫，并且配之图片，做到图文并茂，让人看到感觉眼前一亮。注意，文章一定要原创。

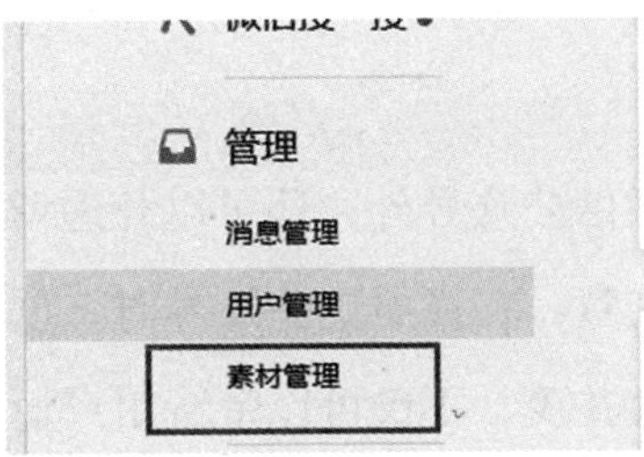

图 1-25

图 1-26

第三步：发表文章。

文章编辑结束后，创作者点击“保存并群发”按钮，如图 1-27 示。成功发布后，创作者需要在手机端进入自己的公众号，找到并打开这篇文章，点击右上角“...”按钮，找到“复制链接”，进行链接复制。

第四步：将复制好的链接，粘贴到辅助材料的文本框中即可。在微信公众号上，创作者最好发布 3—5 篇原创文章，增加参考强度。

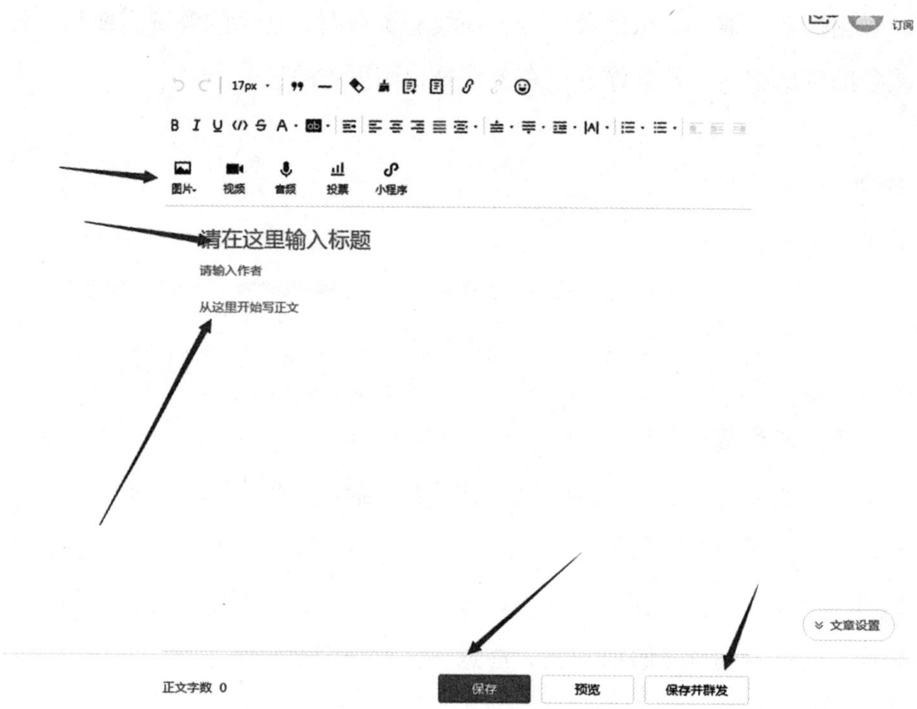

图 1-27

对于头条号新手运营者而言，除了申请微信公众号外，还可以开通博客、知乎、豆瓣等社交平台，发布相关原创文章。在注册这些账号时，创作者可以垂直化选择领域。发表文章时，图文并茂，不仅可以带给用户愉悦的阅读体验，而且色彩丰富的图片可以为文章增色不少。

运营者在新手期时，若是不知道该如何去写一篇质量上乘的文章，可在网上搜一下同领域公众号的文章是如何编辑的，取其精华运用到自己的文章中。但是，创作者不能完全抄袭，文章中一定要写一些有关于该领域的独特见解。完全抄袭的文章，是无法通过今日头条的审核的。

若创作者在知乎、博客、公众号等平台已积累了一些优质内容，可以直接从中选取最优质的 3—5 篇复制到辅助材料文本框中。

辅助材料中的文章的作用，是来证明创作者的价值的，也是头条号筛选创作者最关键的参考标准。若是这一步做不好，创作者敷衍了事，那么头条号很难申请通过。

五、入驻资料怎么填更易通过审核

头条号的审核向来严格，为了保证在推荐算法上创作者能公平的分配流量，资质比较差，入驻资料填写不规范的用户是不可能通过头条号申请的。

用户申请头条号，想要快速通过审核，首先要明白不合乎规范的入驻资料填写是什么样的？只有清楚了解头条号审核被驳回的几种情况，用户才能避免。下面，我们来具体看下。

（一）账号名称不规范

有一些创作者会给账号起一个“今日体育”“今日美食”“军事头条”“头条娱乐”等名字，这很容易被用户误解今日头条的官方账号。因此，若是名称中带有“今日”“头条”这两个字眼，平台不会通过用户申请。

若名称是由无意义的“字母 + 数字”组成，如“sdr123”“123dfr”等，与创作者选择的领域没有任何相关，也不容易通过平台的审核。

在已有账号后面添加特殊符号，如“每日人物 23”“严肃八卦 a”等。头条账号命名需要遵循唯一原则，在已有的头条号名字后面加上符号或者数字，可能会被判定为假冒已有账号，进而驳回申请。

在名称中添加特殊符号、标点、空格等，也无法通过审核。头条号的名称不可带有明显的营销推广目的，可能会起到诱导用户的作用，平台将不予通过审核。名称中涉及国家及领导人，无法通过审核。

单独使用地名、行业（领域名）、通用名字（动词 / 形容词）、第三方品牌名（人物名）等，也是违规行为，申请不予通过。

申请个人账号，名称却是公司、团体、媒体等名字，容易被用户误解为企业号，平台不会通过审核。

(二) 简介不符合规范

简介中出现微信、电话、QQ 等联系方式或者网站链接，违反平台规定，审核不予通过。创作者的个人简介中含有品牌推广信息，有诱导用户的嫌疑，平台则不予通过申请。简介的内容不可含有恶俗、消极、敏感等信息，个人头条号不可以描述为平台、杂志等非个人正式组织。简介的内容，没有和账号领域定位保持一致。

(三) 头像不符合附件

平台对头条号的头像有一定的要求，图片清晰，大小不超过 5M。不可使用今日头条的 logo 作为头像，头像中不可含有二维码、联络方式等信息。头像缺乏美观度，与账号定位不符等情况，平台不会通过申请。

(四) 账号分类不规范

分类不规范是指创作者在填写资料，名称、简介和账号分类不一致。比如，账号名称取的是“美食推荐”，简介中讲的却是摄影的事情；账号分类选择了体育领域，但简介却与之冲突，一般不会通过审核。还有，如果创作者在简介中表明账号定位了多个领域，同样不会通过审核。

5. 身份证照片不符合要求

申请头条号的创作者需要满 18 周岁，如果未满 18 周岁，平台不会通过申请。上传身份证照片时，需要由本人手持来进行信息验证，同时上传身份证正面图片。

如果出现身份证被 PS 过、信息被遮挡、图片模糊、无法辨识身份证信息等情况，平台也会驳回申请。

填写的身份证信息与身份证照片信息不相符，也无法通过审核。

(六) 账号申请限制

个人申请军事类、社会新闻和时政类内容的账号，将不予通过。企业号定位领域需要与公司经营范围相关，不可跨行业，需要提供公司资质等。

头条号不支持整形或医疗美容类型的账号，财经、健康类的账号需要提供资格证明；投资分析师职业资格、执业医生、心理咨询师等类型的账号，也需要提供相关资质证明，否则不予通过申请。

有的创作者申请账号发现自己被永久拒绝了，这是怎么一回事儿？

今日头条希望有更多创作者入驻，但是对于填写字资料有恶劣违规的账号，平台会永久拒绝其申请。比如：

有伪造或买卖身份信息的情况；

被发现大量注册头条号，有养号违规行为；

申请企业号时，无法提供第三方平台账号为本人所有的证明；

提供虚假的资质证明；

……

若出现以上情况，平台会永久拒绝头条号的申请。每个今日头条账号有 3 次申请机会，在 3 次申请中，用户都没有按照要求填写入驻资料，会被永久拒绝。

所以，如果用户想要快速通过审核，在注册前，不妨先阅读下每项资料的填写要求，严格按照要求填写，增加通过申请的概率。

第三节　账号信息管理

明确账号信息管理的各项操作，是创作者运营头条号的基本功。那么，账号信息管理具体有哪些方面呢？

一、登录和更改密码

今日头条账号登录有四种方式：手机号登录、账号密码登录、QQ 登录和微信登录，如图 1-28 所示。

图 1-28

手机号登录：是平台推荐并且比较安全的登录方式，用户输入手机号后，点击“发送验证码”按钮。在一分钟内，创作者会收到验证码短信，输入即可登录。

账号密码登录：在注册时，创作者一般使用手机号注册，注册成功后，需要进行密码设置的操作。

QQ 登录：创作者注册成功后，可绑定 QQ 账号，在后面登录时，直接使用 QQ 登录。

微信登录：创作者注册成功后，可绑定微信账号，在后面登录时，直接使用微信登录。

（一）QQ 和微信绑定方法

第一步：创作者登录今日头条手机 APP，在“我的”页面找到“系统设置”按钮，如图 1-29 所示。

第二步：在“系统设置”页面选择“账号和隐私设置”选项，如图 1-30 所示。

图 1-29

图 1-30

第三步：在“账号和绑定设置”页面，找到社交平台账号绑定一栏，打开右侧的开关按钮即可绑定微信和 QQ 账号，如图 1-31 所示。

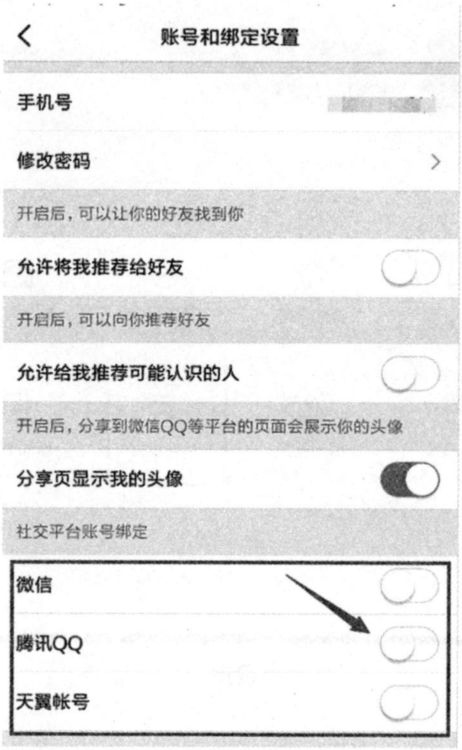

图 1-31

创作者登陆头条号时，通常选择的都是手机号和账号密码登录，既方便又安全。如果创作者认为麻烦，也可不绑定 QQ 和微信账号。

(二) 头条号密码修改

怎么修改账号的登录密码？其实很简单，下面我们来看下具体操作步骤。

第一步：创作者在电脑端登陆头条号，点击右上角的个人账号，选择“账号设置”按钮，如图 1-31 所示。

第二步：在账号设置页面找到登录方式一栏，选择“请前往‘安全中心’”按钮，如图 1-32 所示。

第三步：在安全中心页面找到登录密码一栏，点击“修改”按钮，如

图 1-33 所示。

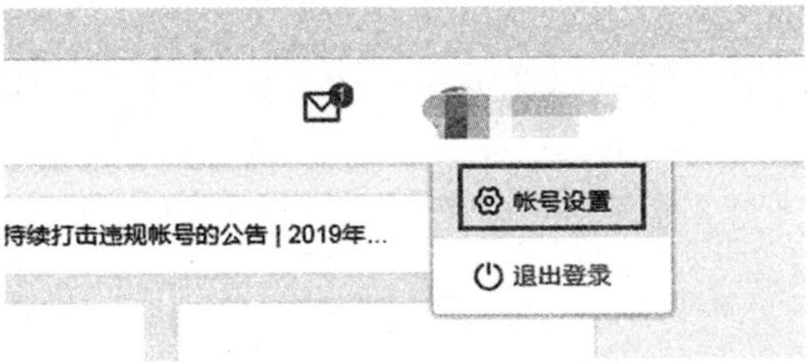

图 1-31

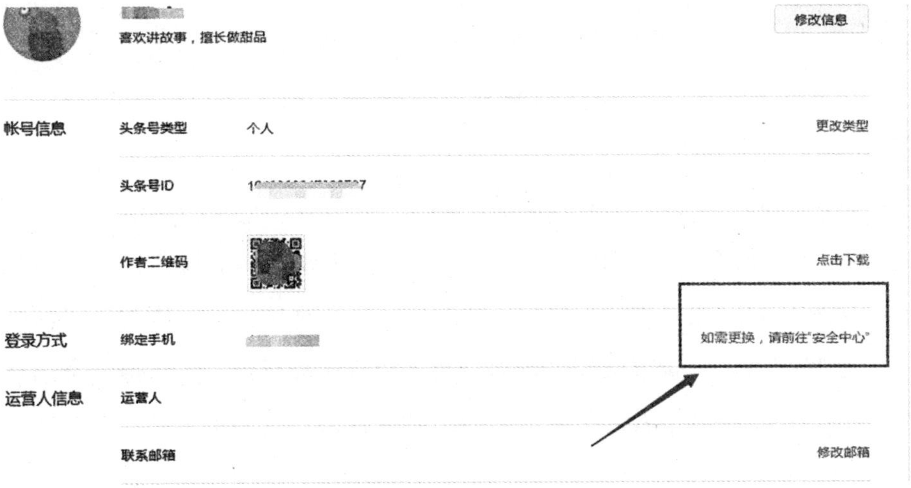

图 1-32

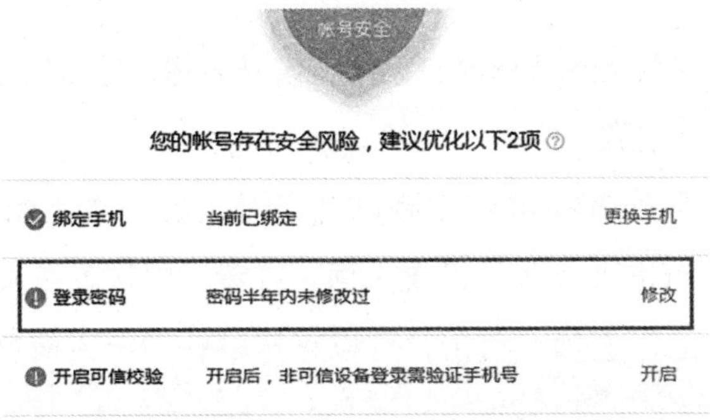

图 1-33

第四步：创作者修改密码时，需要进行手机验证。点击“发送验证码”按钮，验证完成后，创作者即可开始设置新密码。设置完成后，创作者点击“提交”按钮，就可以完成密码更改的操作了，如图 1-34 所示。

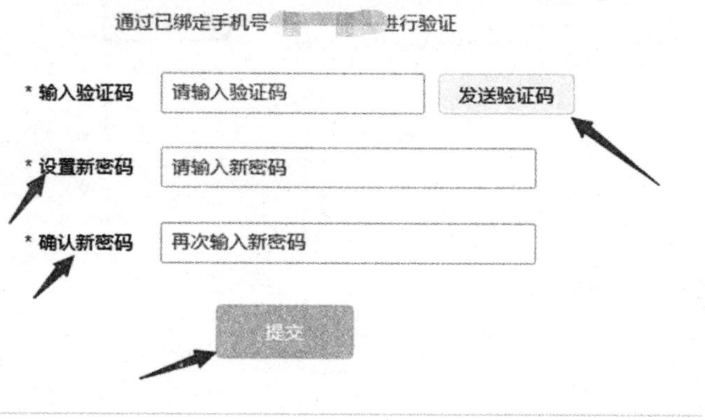

图 1-34

在今日头条手机 APP 上，同样可以进行更改密码的操作，如下：我的→系统设置→账号和隐私设置→修改密码→验证手机号→修改密码。

如果创作者不觉得麻烦，可以一直使用手机号登录，这是最安全的登录方式，而密码登录有被盗号的风险。若创作者一直用手机号登录，则可以不设置密码。

二、修改头条号名称

创作者有时候会想要修改自己的头条号名称，怎么实施呢？下面我们来看下具体操作步骤。

第一步：创作者在电脑端登陆头条号，找到右上角的头条名称下的账号设置，点击进入账号设置页面。或者，创作者在头条号右侧一栏找到“个人中心”选项，点击，可以直接跳转到个人信息页面如图 1-35 所示。

第二步：在上号信息页面的，会有创作者填写的各种信息。第一项便是账户名称、头像和简介，用户点击右侧的“修改信息”按钮，如图 1-36 所示。

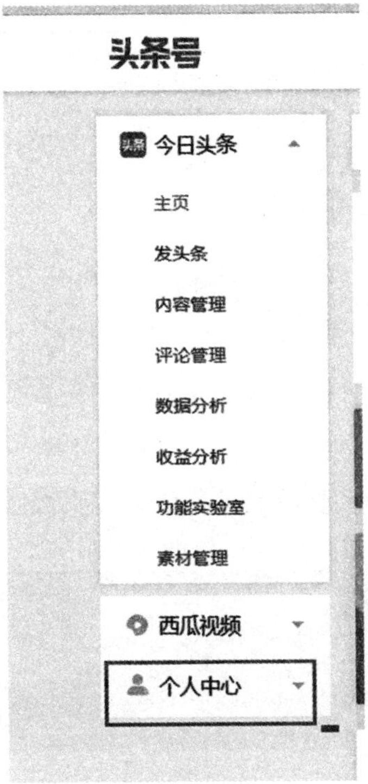

图 1-35

图 1-36

第三步：在账号信息下面，用户即可修改账户名称。在名称下面，会有提示，创作者要按照提示来取账户名称，增加审核通过率，如图 1-37 所示。

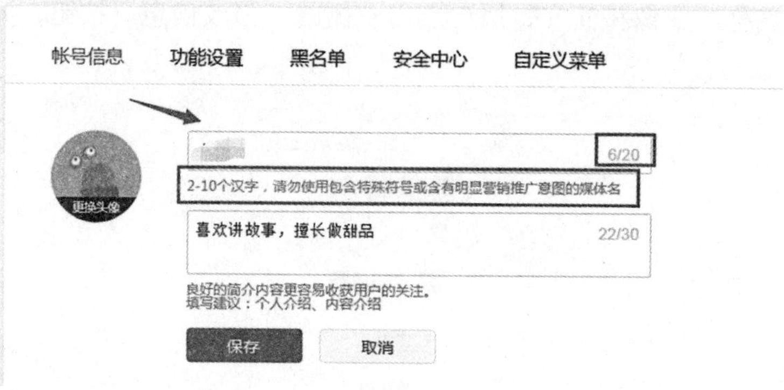

图 1-37

第四步：修改成功后，创作者点击保存提交即可。提交后，平台会提示创作者“提交成功，等待审核”，如图 1-38 所示。审核时间一般在 48 小时内，审核通过后，修改后的名称便会在页面显示出来。

图 1-38

个人头条号可以无限制的修改账号名称，企业号则 30 天才可修改一次。账号名称，最好不要频繁修改。频繁修改账号名称，很可能会导致粉丝流失。

三、换绑手机号和图片水印

头条号现在规定只能使用手机号注册，即用户在注册时，已经绑定了手机号。若是注册时的手机号已更换，可以修改手机号。

（一）修改绑定手机号

（1）创作者在电脑端登陆头条号的，点击“个人中心→绑定手机→安全中心→绑定手机”中，修改手机号。

（2）创作者登录在手机端登陆头条号，点击“我的→系统设置→账号和隐私设置→手机号→输入手机号→获取验证码”，即可修改手机号码。

在电脑端修改手机号时，需要验证原手机号。若原手机号还在使用，创作者输入收到的验证码，然后输入新的手机号即可。若原手机号已不再使用，无法接收通知，用户可点击“点击申诉”按钮，向头条人工客服提交申请，如图 1-39 所示。审核通过后，创作者即可换绑手机号。

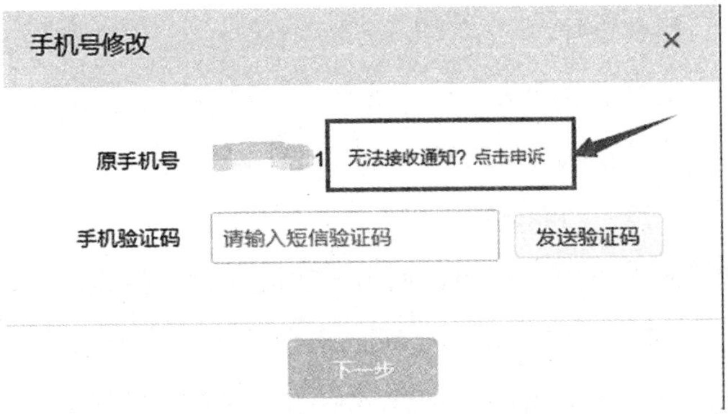

图 1-39

（二）头条号的图片水印

创作者在头条号上发表文章时，为了增加辨识度和防止被盗图，可以在图片上加上水印，如图 1-39 所示。

图 1-40

那么，创作者如何为图片添加水印呢？具体操作步骤如下。

第一步：登录账号。

创作者在电脑端登陆头条号，点击“个人中心”或者页面右上角的账号名称，选择“账号设置”按钮。

第二步：选择“功能设置”。

跳转到“账号设置”页面，点击“功能设置”按钮，进行图片水印添加操作。点击“添加水印”按钮，在图片上会自动显示“头条 @ 账号名称”的水印。设置好后，创作者点击“保存”按钮即可，如图 1-41 所示。

头条号图片水印的形式只能为“头条 @ 账户名称”，不可以进行更改。若是创作者认为不美观，可以点击“不添加水印”按钮，自动将水印去除。

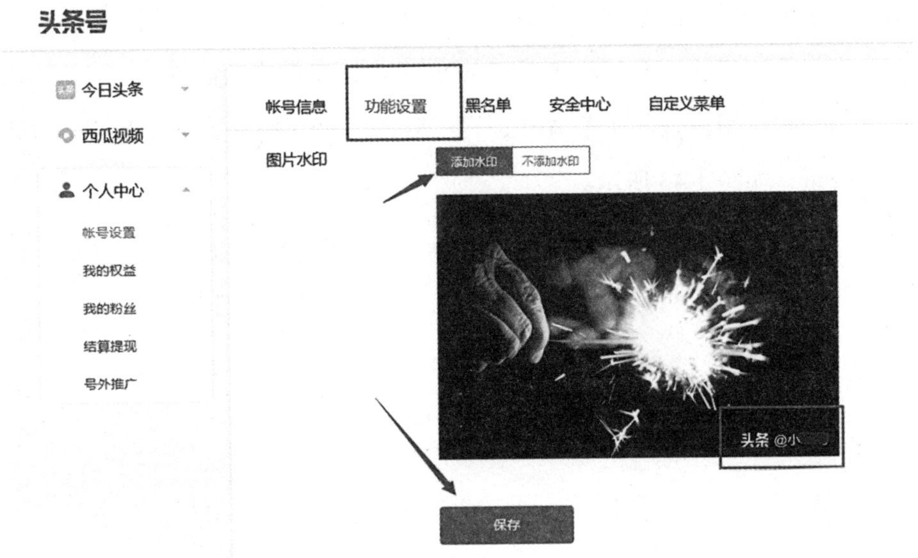

图 1-41

四、修改账号类型

修改账号类型前，需要创作者进行实名认证。若不进行实名认证，创作者是无法进行账号类型修改的，如图 1-42 所示。

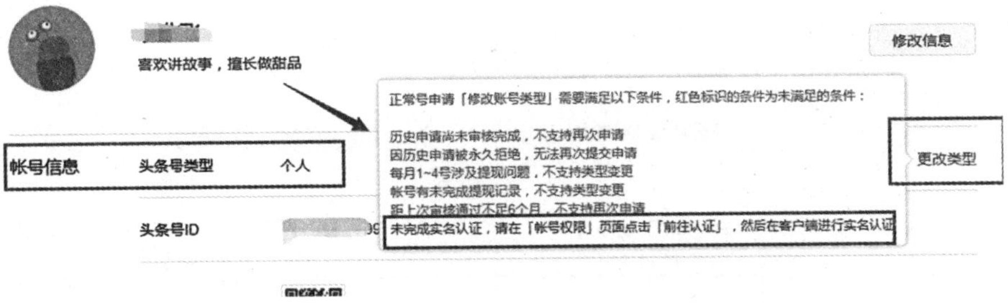

图 1-42

创作者在申请修改账号类型时，会弹出一个对话框，列出修改账号类型必须满足的条件。灰色字条表示已满足的条件，红色字体表示为未满足的条件。创作者可根据自己的实际情况进行调整。

（一）头条号实名认证

实名认证只能在今日头条手机 APP 进行，操作步骤如下。

第一步：用户登陆头条 APP，在“我的”页面的右上角找到“申请认证”按钮，如图 1-43 所示。

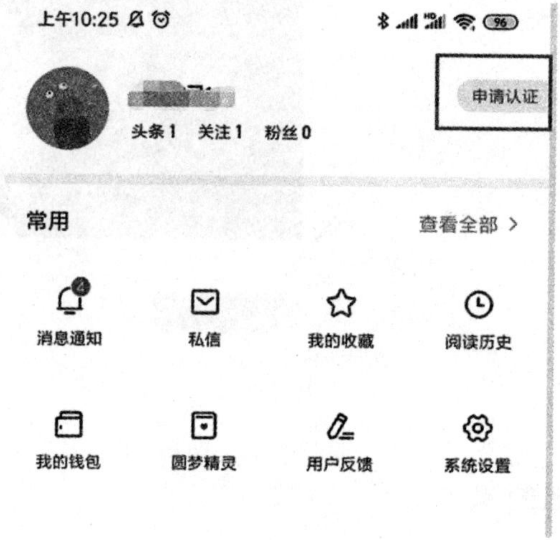

图 1-43

第二步：在头条认证页面，点击“作者认证”，如图 1-44 所示。

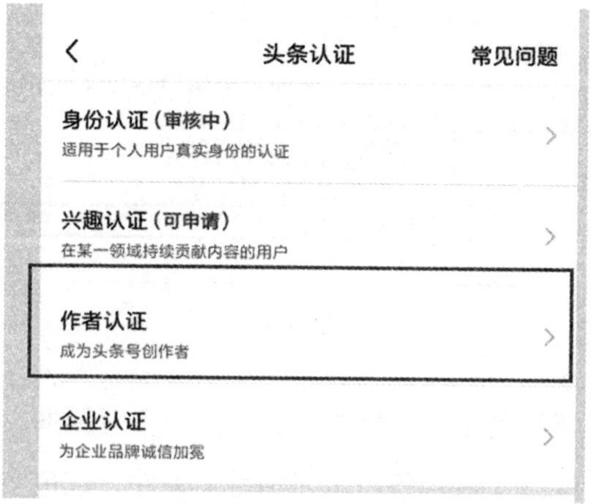

图 1-44

第三步：按照要求，创作者拍摄身份证照片，照片信息要清楚，不要模糊。然后点击下一步进行脸部识别，识别成功后，创作者接着完成实名认证，如图 1-45 所示。

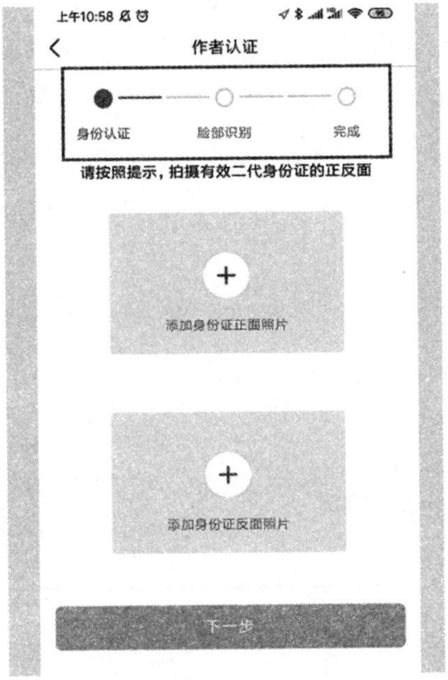

图 1-45

实名认证结束后，创作者便可以进行账号类型更改了。目前，头条号仅支持个人、企业和群媒体三种类型账号相互变更，且在变更的过程中，不用账号类型的修改方法也不一样。

账号类型修改的步骤如下。

明确修改方法后，创作者便可进行类型修改了。下面我们来看下具体步骤，以将个人账号变更为群媒体号为例。

第一步：创作者在头条号后台点击“个人中心”跳转到账号设置页面，点击“更改类型”按钮。

第二步：选择媒体类型，如图 1-46 所示。

图 1-46

第三步：按照页面的相关提示填写信息，比如修改原因、组织名称，如图 1-47 所示。同时，创作者需要完成上传营业执照（组织机构代码）和下载填写承诺书再上传等操作。填写完成后，创作者点击提交，等待平台审核即可。

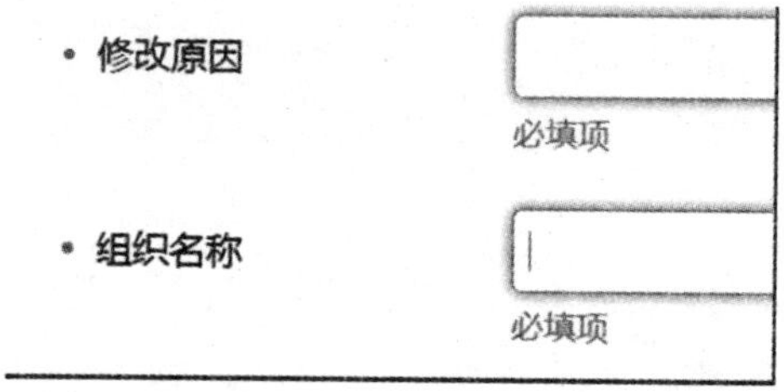

图 1-47

创作者不可频繁地去修改账号信息，频繁修改不仅不会通过平台审核，还可能会被平台封号。因此，创作者要谨慎操作。

每月 1—4 号是今日头条平台提现日期，因此不支持账号类型修改的请求，创作者无法进行操作。若是创作者审核通过或者多次审核失败后，将无法再次发起申请。所以，创作者需确资质无误后再提交。

五、查看账号状态和功能权限

运营今日头条自媒体账号时，创作者想要获取收益，首先要了解清楚平台上的账号权限和功能权限。了解后再进行操作，能达到事半功倍的效果，节省创作者很多的时间和精力。

(二) 头条号的账号状态

想要获取头条号的功能权限，首先创作者需要完成一系列的认证。若是没有完成认证，创作者则无法享受某些特权。因此，创作者首先要明确账号的状态是什么样的。下面，我们来看一下查看账号状态的具体步骤。

第一步：创作者在电脑端要登陆头条号，点击右侧的“个人中心”跳转到账号信息页面。

第二步：在页面的右侧一栏中，找到“个人中心”下的“我的权益”选项，如图 1-48 所示。

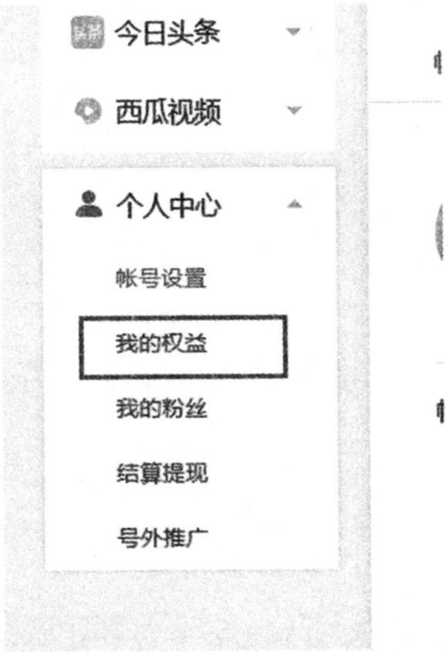

图 1-48

第三步：点击“我的权益”选项，用户即可查看当前的账号状态，如图 1-49 所示。在账号状态页面，含有账号状态、账号分值、作者认证、创作能力证明和资质认证五个选项。作者认证一项，创作者需要去手机 APP 进行。创作能力证明一项，即创作者需要可以关联的微信公众号、百家号和企鹅号。资质认证一项，需要创作者完成作者认证和创作能力证明后才可以上传相关资质。

若是创作者有疑惑，则可以点击每项状态后的“了解详情”按钮，查看官方给出的具体参考步骤。

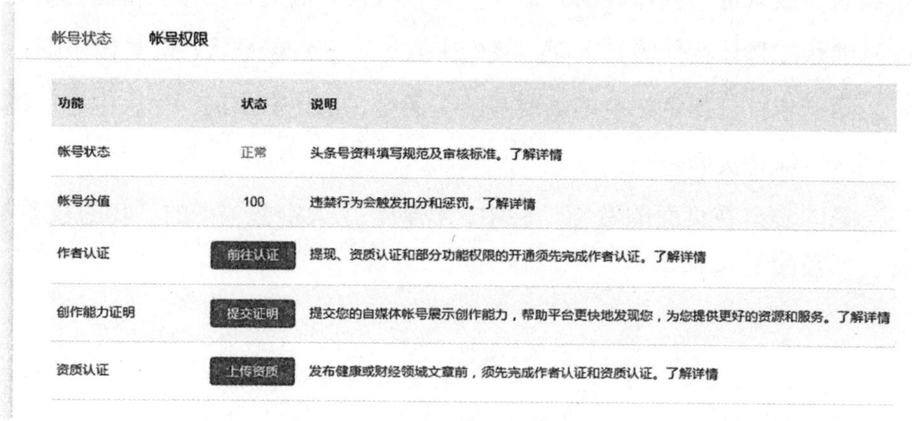

帐号状态　帐号权限

功能	状态	说明
帐号状态	正常	头条号资料填写规范及审核标准。了解详情
帐号分值	100	违禁行为会触发扣分和惩罚。了解详情
作者认证	前往认证	提现、资质认证和部分功能权限的开通须先完成作者认证。了解详情
创作能力证明	提交证明	提交您的自媒体帐号展示创作能力，帮助平台更快地发现您，为您提供更好的资源和服务。了解详情
资质认证	上传资质	发布健康或财经领域文章前，须先完成作者认证和资质认证。了解详情

图 1-49

(二) 头条号的权限

创作者如果想要查看账号权限，具体步骤如下。

第一步：用户在上面的第三步“账号状态”中可以发现旁边即为“账号权限”，点击该选项，下面的列表即会显示各项权限内容，如图 1-50 所示。

账号权限包括头条广告、自营广告、图文原创、视频原创、连载功能、千人万元和外图封面。

头条广告：符合条件的头条号可以开通头条广告，对用户和广告内容进行精准匹配，获取更多收益。

自营广告：进行实名认证的创作者可以申请，它是头条号所特有的一种开放自由的推广方式，但是服务完全免费，对于创作者的推广有很大的帮助。所以，创作者一定要进行实名认证，获取该服务。

图文原创：头条号一直鼓励创作者原创，致力构建优质内容生态，为用户提供有价值的内容。若创作者的文章符合原创条件，则可以享受优先推荐、流量分成等多项权益。

帐号状态　帐号权限

功能	状态	申请条件	功能说明
头条广告	已开通	符合条件的头条号可以开通头条广告。	功能介绍
自营广告	申请	已实名认证的头条号可申请。	功能介绍
图文原创	申请	优质图文原创头条号可申请开通图文原创标签。	功能介绍
视频原创	申请	优质视频原创头条号可申请开通视频原创标签。	功能介绍
连载功能	申请	已实名认证的头条号可开通	功能介绍
千人万元	申请	已开通图文原创功能的个人帐号可申请。	功能介绍
外图封面	申请	入驻时间达到30天的头条号可申请。	功能介绍

图 1-50

视频原创：为了鼓励创作者生产更多优质、原创度高的视频内容，平台会对原创的内容倾斜更多的推荐和流量。

连载功能：今日头条新增了“原创连载”功能，即一篇长文章可以分多次发布，为优质内容创作者提供连载便利。创作者利用连载功能发布内容后，平台会精准地分发给头条用户，帮助创作者实现付费转化。

千人万元：这个计划是今日头条于 2015 年 9 月推出的，利用物质激励创作者。该计划的内容是，扶持 1000 个头条号个体创作者，每个人每个月至少获得一万元的保底收入。该计划运行了两年多的时间，为头条号持续不断地吸引优质作者。

外图封面：该项功能支持创作者使用正文外的图片做封面，不必局限正文中。当正文的图片不适合作为封面图时，创作者可进行如下操作：点击本地上传（免费正版图库）→图片设置，进行封面图设置。创作者注意，虽然封面图可以不出现在正文中，但必须与文章的主题相关。

创作者在运营头条号时，了解清楚账号权限很重要。只有明确了自己可以享受的特权有哪些，才能更好地利用头条号获取收益。

六、关于“黑名单”

用户在使用今日头条时，遇到不喜欢的内容，不想再被平台推荐，便可以使用“黑名单”功能，将账号拉黑。具体操纵步骤如下。

第一步：在手机端登录今日头条账号，找到不喜欢的内容账号，点击进入主页，如图 1-51 所示。

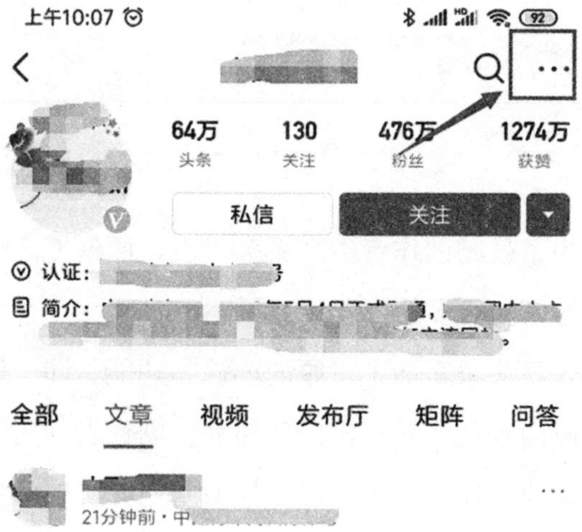

图 1-51

第二步：点击右上角的“...”后，在页面下方会弹出一个对话框，点击“拉黑”按钮，即可将账号拉黑，再也不会接受其发表的信息，如图 1-52 所示。

（二）头条号查看黑名单

今日头条查看黑名单的方法有两种，一种是在手机端查看，一种是在电脑端查看，我们分别来看下。

1. 手机端

第一步：用户在手机上登录今日头条账号，点击“我的”。在“我的”页面中，找到“系统设置”按钮，如图 1-53 所示。

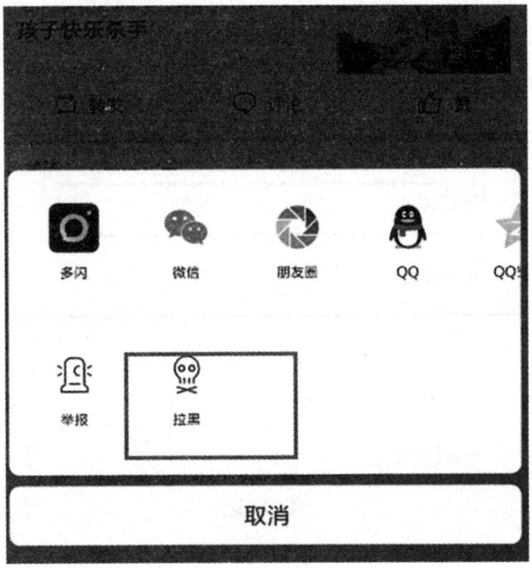

图 1-52

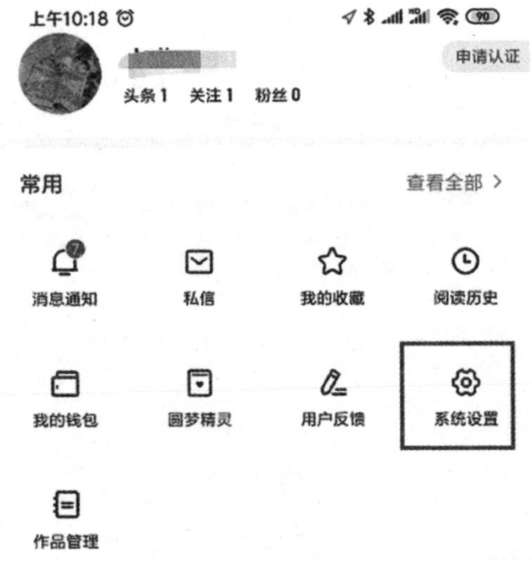

图 1-53

第二步：点击系统设置，进入页面后找到“黑名单”选项，如图 1-54 所示。

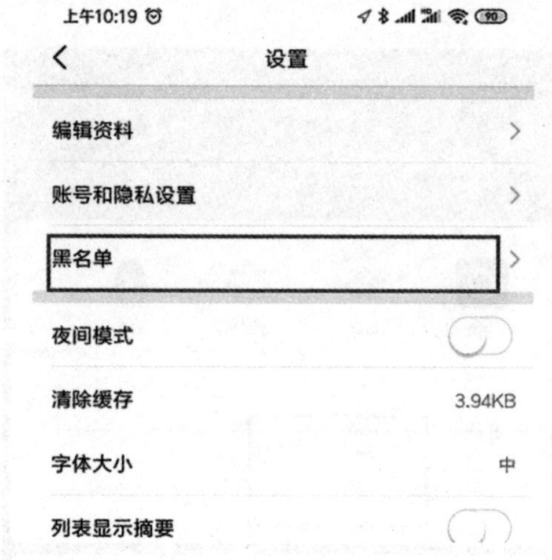

图 1-54

第三步：点击进入黑名单页面，用户即可查看将哪些账号拉黑了，如图 1-55 所示。

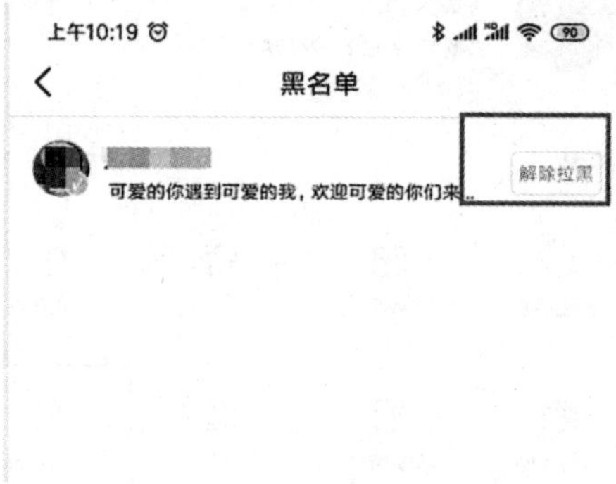

图 1-55

2. 电脑端

第一步：用户在电脑上登录今日头条账号，点击“个人中心”按钮或者页面右上角的个人信息下的“账号设置”按钮，如图 1-56 所示。

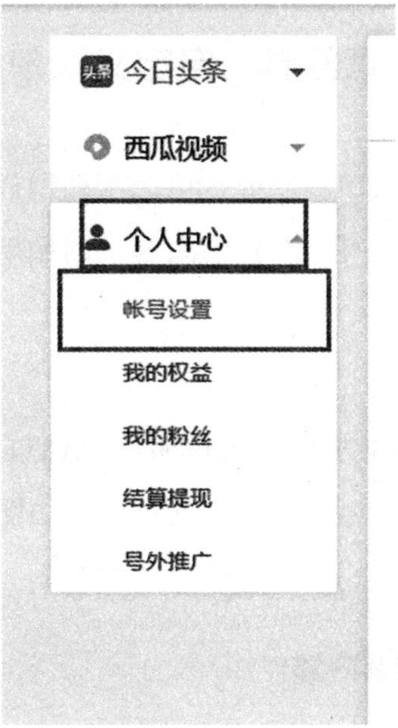

图 1-56

第二步：在账号设置页面的上方，有一行功能选项，用户可找到“黑名单”点击，即可跳转到黑名单页面，查看已拉黑的账号，如图 1-57 所示。

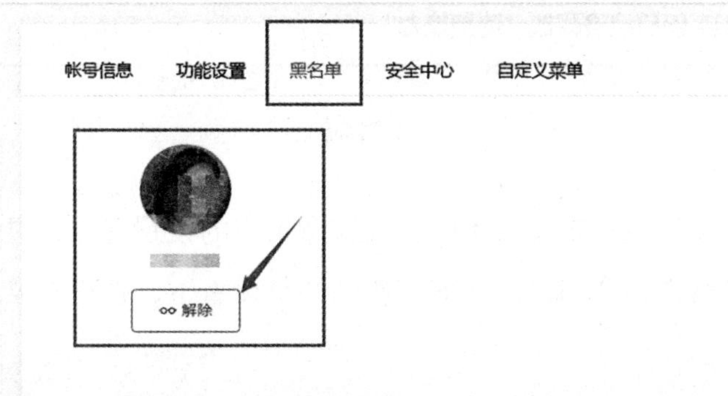

图 1-57

若是用户想要解除黑名单，只需要点击“解除”按钮即可。

第四节　自定义菜单

头条号的“自定义菜单”功能，可以帮助用户快速获取同一账号的内容，方便用户浏览更多账号上有趣的内容，增加用户对账号的粘性。

一、菜单设置规范

创作者设置自定义菜单后，用户便可以通过头条号主页底部的菜单项，跳转到对应的网页。生成的自定义菜单，如图 1-58 所示。

图 1-58

创作者在设置自定义菜单时，要注意菜单的设置规范，避免出现基础性错误，导致审核不通过。下面，我们来具体看下，自定义菜单的设置规范有哪些。

（1）每一个头条号最多可设置 3 个一级菜单，而每个一级菜单下最多可以建立 5 个二级菜单。

（2）在创建菜单时，名称不可以超过 4 个汉字或者 8 个字符。

（3）设置菜单链接的规范如下。

①菜单名称和跳转页面不可以出现违法、敏感色情、低俗、虚假欺诈类的信息。

②插入的网址只能跳转一次，不支持两次及以上的跳转。

③设置菜单跳转链接时，不要直接设置成 PC 端网址。

④网站需要有 ICP 备案。

⑤跳转后的网站中不可以含有恶意代码。

⑥头条号设置自定义菜单网址时，有一些域名是不支持跳转的，如：weibo.com、mp.qq.com、haokan.baidu.com、mp.weixin.qq.com、uczzd.cn、baijiahao.baidu.com、yidianzixun.com、v.qq.com 等，创作者要注意。

⑦自定义菜单不支持个股咨询、牛股分享、在线荐股（指导）、诊断内容的添加。

⑧创作者在添加健康、财经、金融类的文章和账号时，不可以含有微信、微博、QQ 和手机号等联系方式。

⑨自定义菜单插入的链接不支持医疗、彩票、保健、培训、微商和广告招商、二类电商等内容的跳转。

什么是二类电商？二类电商，通常是指含有下列特点电商广告。

① ICP 备案不可查或者不一致，如 ICP 备案是个人，但是创作者注册账号为某公司。

②页面没有版权归属，比如页面内没有“关于我们”，或者完整的公司介绍。

③产品交易方式单一，比如只支持货到付款或者当面交易。

④用户在网站中无法查询到购买记录。

⑤网站上给出的售后电话无法打通。

⑥网站的所有页面都是一样，为统一模板。

⑦网站上的产品产地、质量与实际有着严重的偏差。

⑧网站的设计抄袭（仿冒）其他知名品牌。

⑨在页面中伪造各类认证标志。

⑩在页面中伪造专利技术或者夸大厂家自身技术实力。

创作者设置好菜单名称和跳转网址后，必须经过平台的审核才能生效。在设置过程中，若创作者存在恶意操作或者多次提交含有违规信息的内容，平台将不予通过审核，并且根据情节轻重对创作者进行关闭菜单权限、封禁账号等处罚。

创作者明确自定义菜单设置规范后，设置时一定要严格按照平台要求执行，以此来增加审核通过率。

二、菜单设置方法

怎么去设置自定义菜单？方法很简单，只要按照下面的步骤进行操作一次，即可熟练掌握。

第一步：登录账号。

创作者在 PC 端登陆头条账号，在“个人中心”下的“账号设置”页面找到“自定义菜单”，如图 1-59 所示。

第二步：设置一级菜单。

点击“菜单管理”旁边的“ + ”按钮，增加新菜单，如图 1-60 所示。点击后，页面会弹出一个填写菜单名称的对话框，如图 1-61 所示。输入菜单名称时，创作者需要看清楚平台提示。

第三步：设置链接。

设置好菜单名称后，页面会自动跳转到插入链接页面，如图 1-62 所示。创作者可以直接复制链接，点击“保存→发布”即可。

图 1-59

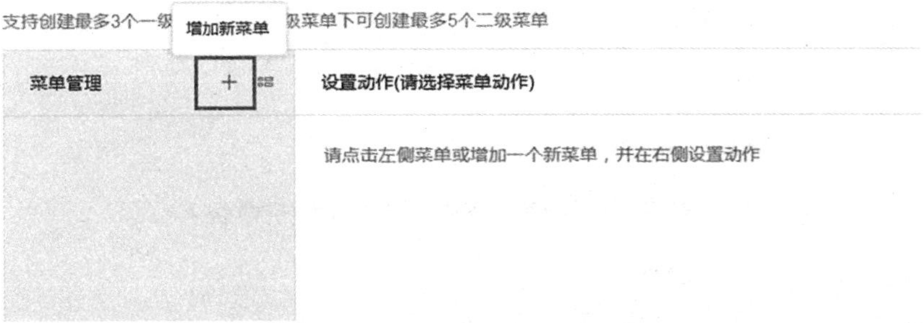

图 1-60

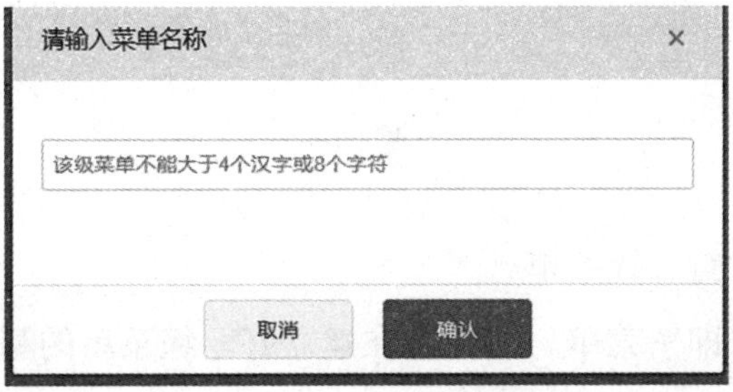

图 1-61

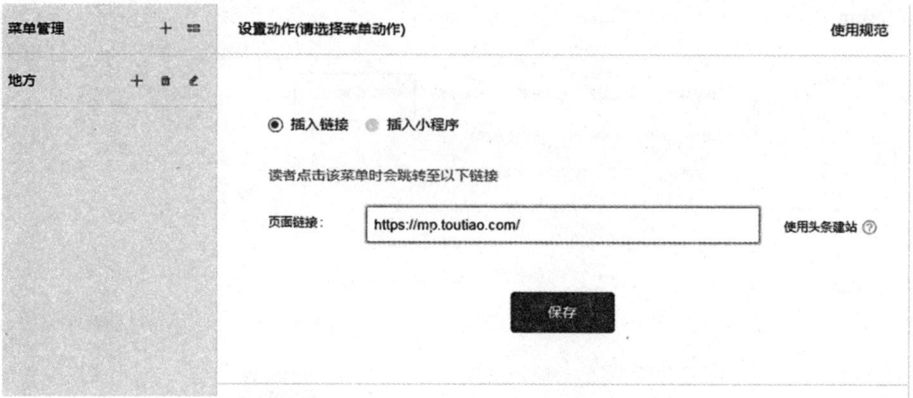

图 1-62

头条号还可以插入小程序，若创作者已经创建了自己的小程序，便可以直接将小程序的路径或地址复制过来，点击“发布”即可，如图 1-63 所示。

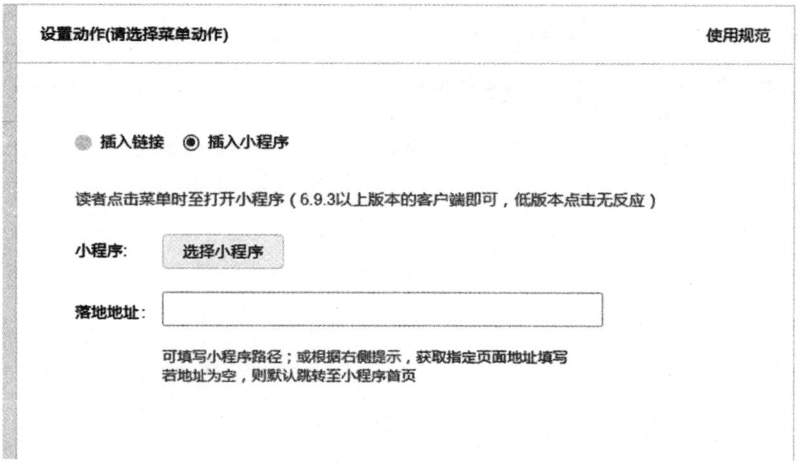

图 1-63

第四步：设置二级菜单。

二级菜单，即子菜单。创作者在建立好一级菜单的基础上，点击菜单右侧的“ + ”按钮，如图 1-64 所示，重复填写一级菜单的步骤，添加菜单名称→插入链接操作，如图 1-65 所示。设置完成后，创作者点击保存并发布，提交审核即可。

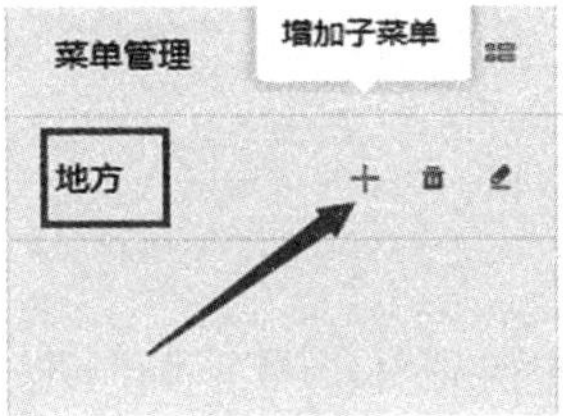

图 1-64

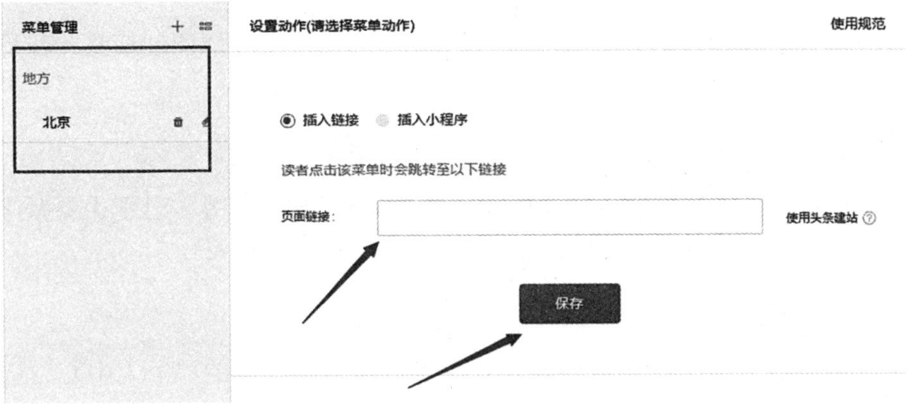

图 1-65

注意：创作者设置完自定义菜单后，并不是立刻就会生成，而是需要通过平台的审核。若是审核不通过，创作需根据平台提示去修改信息，不要频繁提交，以免被平台判定为恶意操作。

第五节　更多模块管理设置

创作者想要运营好今日头条账号，首先要对平台的功能有一个熟练的掌握。在运营的过程中，创作者需要清楚哪些操作可以帮助自己更快地获取收益。

一、申请原创

头条号是有申请原创功能的，创作者申请标签成功后，可以获得平台更多的推荐。在今日头条的功能权限中，创作者可以申请的原创有两种：图文原创和视频原创。

(一) 申请原创的条件

1. 创作者必须已经开通自媒体账号，而且通过了新手期。

2. 在申请原创标签之前，该账号需要发布 10 篇以上的原创文章，并且必须获得系统的推荐。

3. 注册成为头条号的创作者后，满 30 天才可以申请原创标签。若是一次没有申请成功，需要等待 30 天的周期后，才可重新申请。

4. 申请原创标签，账号需要没有发布过抄袭的文章。

5. 自媒体账号指数达到 650 后，才可以申请原创标签，且至少要保持一周时间。若是指数下降，很容易导致申请失败。

(二) 原创标签申请步骤

第一步：创作者在电脑端登陆头条号，点击左侧的“个人中心”选项，跳转到个人中心页面。点击“我的权益”选项，在右侧的列表中点击“账号权限”，找到“图文原创”和“视频原创”两个选项，点击右侧的申请按钮，创作者即可申请图文原创和视频原创标签，享受其权益。如图 1-66 所示。

第二步：创作者想要申请图文原创和视频原创，必须满足申请条件。申请图文原创需满足的条件：①已实名认证；②账号入驻时间不少于 30 天；③最近 30 天，已发图文不少 10 篇等。如图 1-67 所示。申请视频原创，需满足的条件：①已实名认证；②最近 30 天，已发视频不少于 3 篇等。如图 1-68 所示。若是账号不满足以上条件，“申请”按钮则为灰色，不可进行下一步操作。

图 1-66

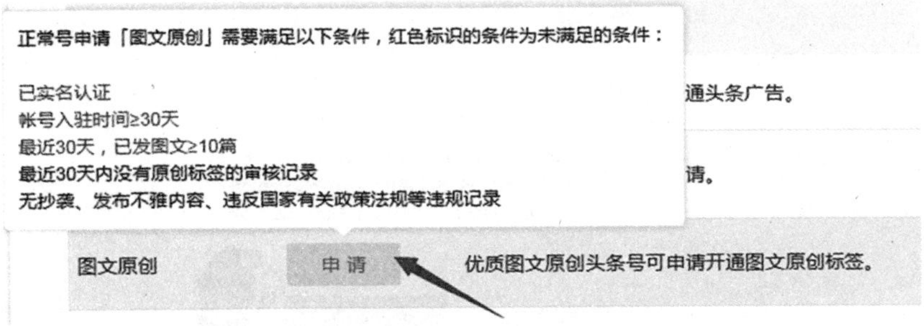

图 1-67

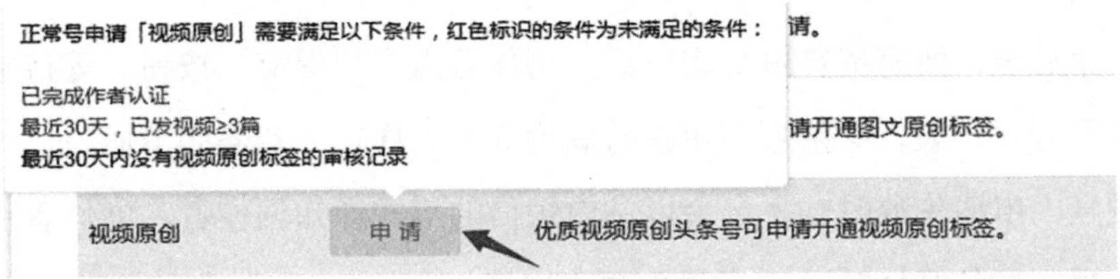

图 1-68

第三步：点击“申请”按钮后，创作者可根据平台要求和提示填写资料。在填写过程中，平台会询问创作者是否选择独家发布。若是选择独家发布，表明作品只能发布到头条号上。若选择非独家发布，则表明作品可以发布到各个自媒体平台。创作者可根据自己的实际需求，进行选择。

第四步：创作者申请原创标签的过程中，需要向头条号提供辅助材料，证明自己有原创能力，如图 1-69 所示。材料越多，文章视频质量越高，审核越容易通过。

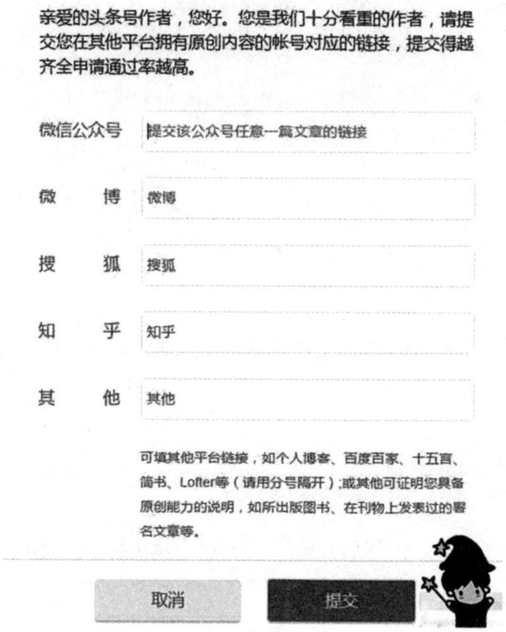

图 1-69

第五步：所有资料填写完成后，创作者点击“提交”按钮，等待平台审核即可。一般，头条号的审核时间为 5 个工作日，若遇到节假日，则时间顺延。申请失败时，平台会以站内短信的形式通知创作者。创作者也不需气馁，准备好材料，30 天后可再次申请。

原创标签可以帮助创作者获取更多平台推荐和流量，如果创作者满足了申请条件，一定要去申请。成为原创作者后，不仅可以享受平台的补贴和各项权益，而且还能获取更多平台推荐，让文章被更多用户看到。

二、评论管理

创作者在今日头条发表文章后，平台会推荐给用户阅读，有一些用户便会在文章或者视频下面评论。今日头条有管理评论功能，创作者可以根据自己的实际需求进行回复、点赞、删除和举报。既能增加与用户之间的互动，又能防止有人在文章或视频下面恶意评论。那么，创作者该如何去管理评论呢？

第一步：创作者在电脑端登陆头条号，点击左侧的“今日头条”下的“评论管理”按钮，如图 1-70 所示。

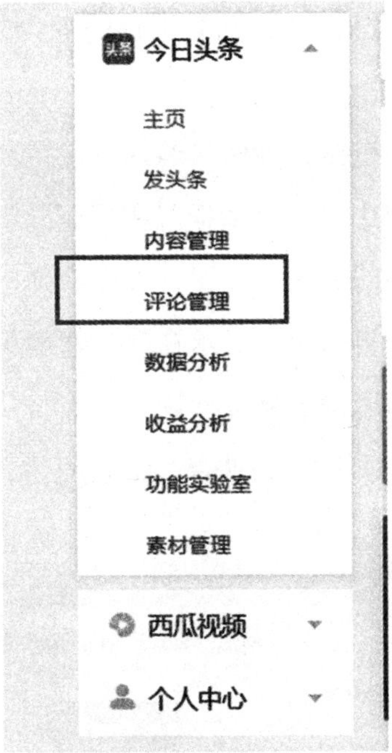

图 1-70

第二步：点击“评论管理”，进入评论管理页面，创作者可以看到两个选项：图文评论和微头条评论。图文评论，即创作者在头条号上发表的文章和视频；微头条评论，即创作者在头条上发表的比较短的评论。不论是图文评论，还是微头条评论，进行的操作都一样，如图 1-71 所示。

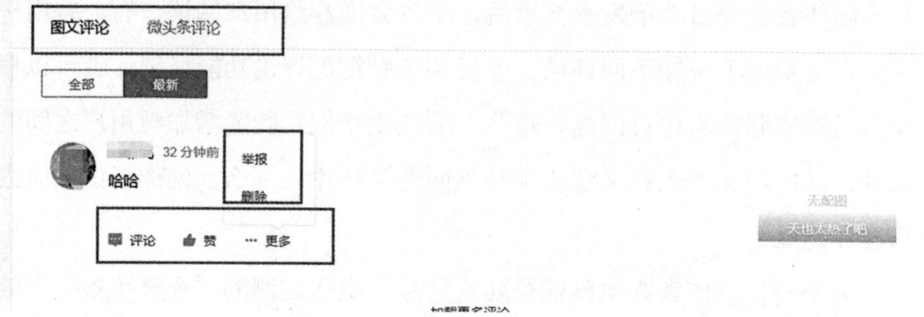

图 1-71

创作者点击“评论”按钮，回复用户的评论，评论的字数限制在 600 个字以内。

创作者点击“赞”按钮，为用户的评论点赞。

在“... 更多”按钮中，有“举报”和“删除”两个选项。若是用户恶意差评，创作者可点击“删除”按钮，页面会弹出一个对话框。平台会提醒创作者，评论删除后将不会再显示在评论管理页面，且不可恢复，创作者需要谨慎操作。创作者确定删除评论，可点击“确认”按钮，就可以删除了，如图 1-72 所示。同时，在头条页面也不会再显示该条评论。

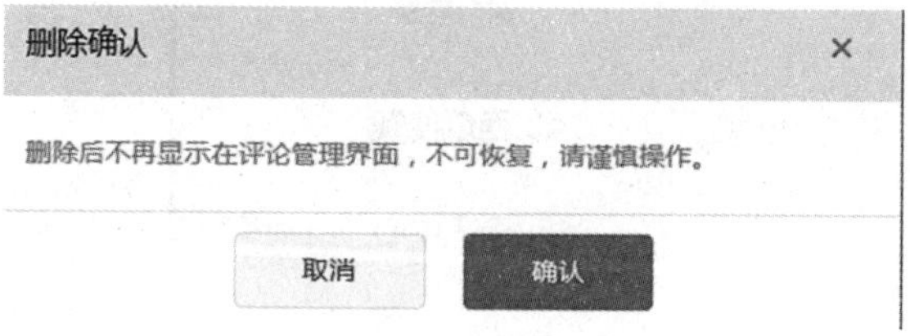

图 1-72

如果遭遇恶意评论，创作者还可以向平台举报。创作者点击“举报”按钮，按照平台给予的提示选择，然后确认提交，如图 1-73 所示。

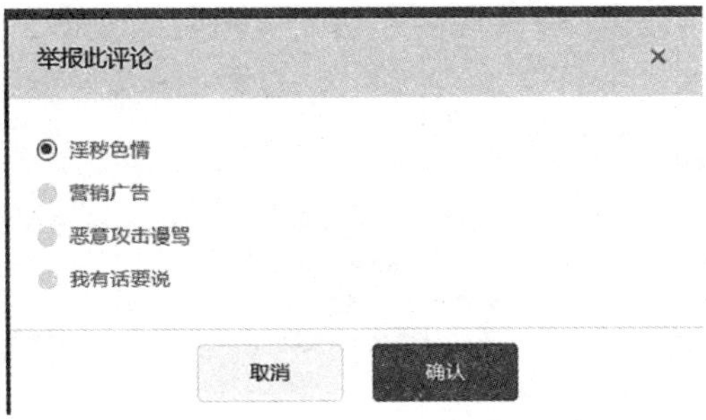

图 1-73

一篇文章的评论越多，表明文章的热度越高。创作者需要做的就是仔细阅读用户给的评论，增加与用户的互动性，将其变为自己的忠实粉丝。同时删除恶意差评，避免给其他用户留下不良印象。

三、粉丝管理

在今日头条上，创作者的粉丝越多，获取的收益越多。头条号后台的“粉丝管理”可以为创作者提供具体的数据，通过对这些数据进行分析，可以帮助创作者精准地确定创作方向，吸引更多的用户阅读文章和观看视频。下面是查看粉丝数据的具体步骤。

第一步：创作者在电脑端登陆头条号，点击左侧的“个人中心”→“我的粉丝”，如图 1-74 所示。

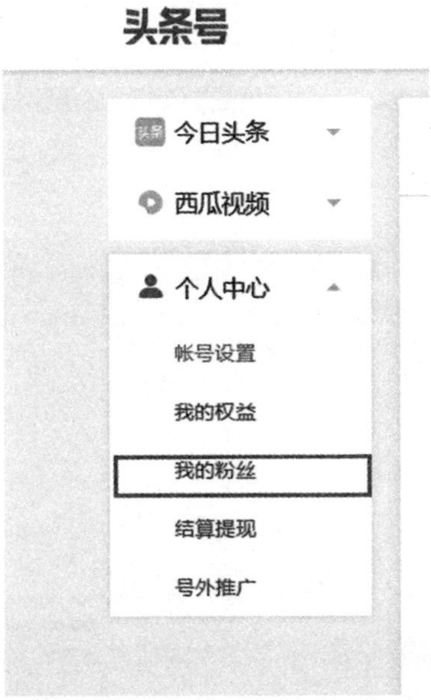

图 1-74

第二步：在“粉丝管理”页面，创作者可以看到“粉丝概况”“粉丝画像”和“粉丝列表”三个选项。在粉丝概况中，创作者可以查看粉丝净增数、粉丝累积阅读数、累计收益、新增粉丝、取消关注等数据，可以查看不同周期 7 天、14 天和 30 天或者是自定义天数的数据，如图 1-75 所示。

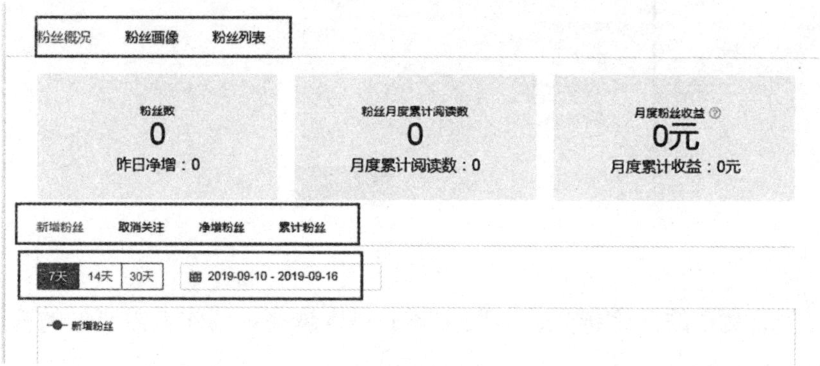

图 1-75

创作者点击“粉丝画像”，即可查看分析的性别比例、年龄分布、地域分布和终端分布等数据，如图 1-76 所示。这些数据可以帮助创作者有效地辨别粉丝分布，从而找到粉丝的痛点，以此来创作文章和视频。

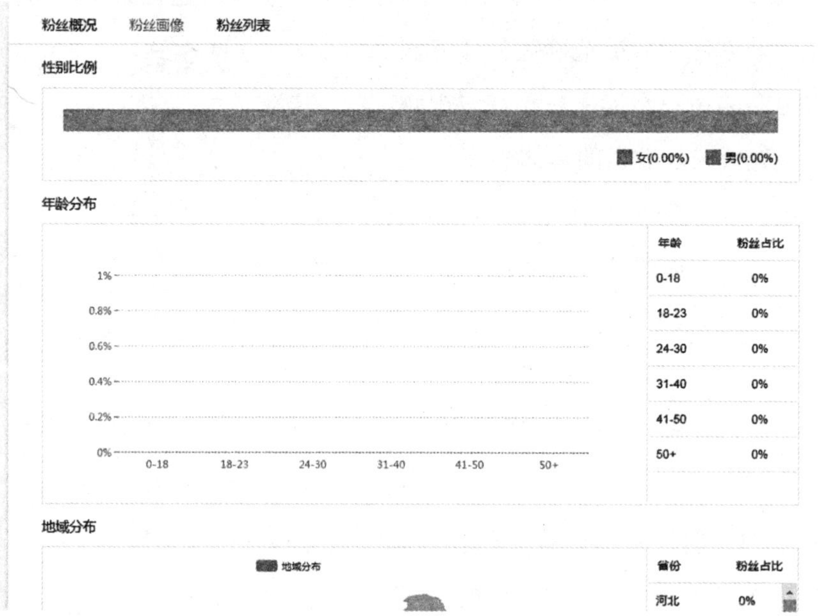

图 1-76

“粉丝列表”则可以显示出所有关注创作者的用户账号，创作者可以与用户互相关注，增加彼此间的互动。

做好粉丝管理工作，能够帮助创作者更精准地定位粉丝，从而创作出满足用户需求的文章和视频，吸引用户点击阅读，增加收益。

四、收益设置

今日头条的收益设置，主要是针对“广告投放”的设置和接受收益推送。根据收益设置反馈的数据，创作者可以决定是否要开启“广告投放”，将自己的利益最大化。下面，我们来具体看下如何进行收益设置。

第一步：创作者登陆头条号，在“今日头条”选项下找到“收益分析”选项，如图 1-77 所示。

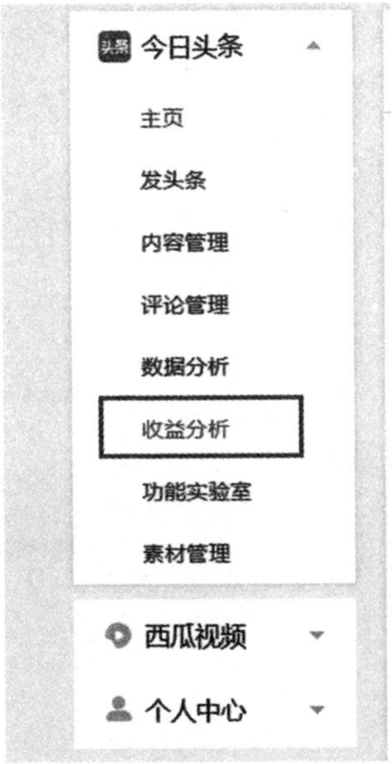

图 1-77

第二步：点击“收益分析”，创作者可查看账号的收益概览，页面会显示昨日头条广告的收益、粉丝收益和本月总收益，下面则会展现不同时间段内的收益日报表，如图 1-78 所示。

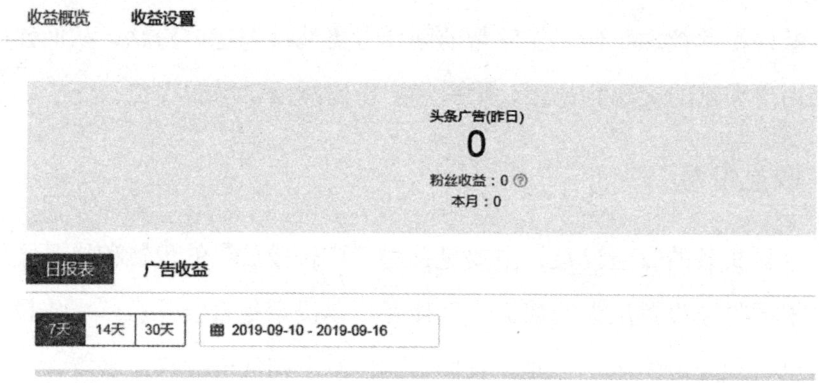

图 1-78

创作者点击“广告收益”，可查看广告收益的详细数据，如昨日女性阅读收益、昨日男性阅读收益、昨日粉丝阅读收益和昨日非粉丝阅读收益。对一段周期内的粉丝收益数据进行分析，创作者可以根据是数据来调整自己文章和视频的侧重点，如图 1-79 所示。

图 1-79

第三步：创作者点击“收益设置”按钮，可在页面进行收益推送、广告投放设置，如图 1-80 所示。创作者在进行设置之前，可以先仔细阅读《关于头条号「收益设置」功能优化的广告》，了解收益设置的基本规则。

图 1-80

收益设置是头条号的基础功能，也是创作者需要清楚了解的。在运营头条号前，创作者不妨先将头条号的各项功能了解清楚，避免因某些功能不了解而操作失误。

五、结算设置

结算设置，是关乎创作者收益提现的。如果结算设置信息填写错误，即使创作者发表的文章和视频有了收益，也无法提现。那么，创作者该如何去填写结算设置信息呢？下面，我们来具体看一下。

第一步：创作者登陆头条号，在“个人中心”一栏中找到“结算体现”选项，如图 1-81 所示。

第二步：在“结算提现”页面，有“结算中心”和“结算设置”两个选项。结算中心，即提现记录，包括最近一笔提现、可提现金额和累积提现金额。在页面的右上角有“提现视频教程”，若是创作者不懂如何提现，可点击查看学习，如图 1-82 所示。

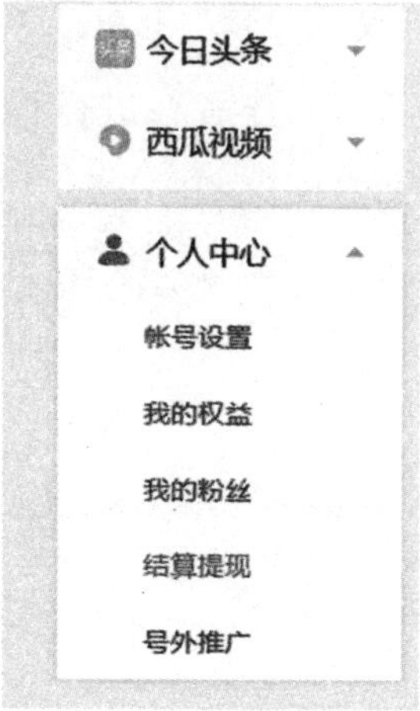

图 1-81

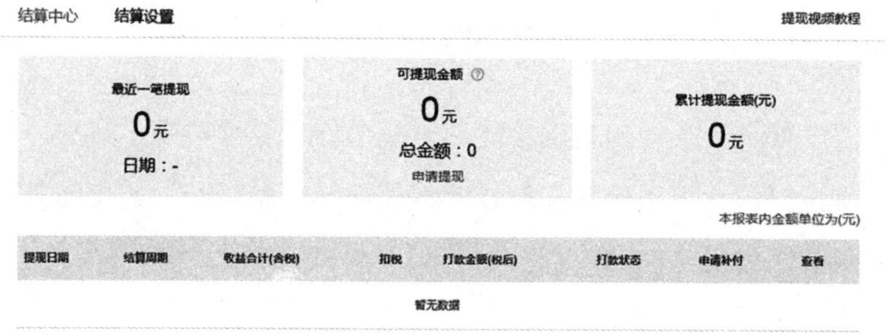

图 1-82

第三步：创作者点击“结算设置”按钮，即可跳转到结算设置信息填写页面，点击“修改”按钮，进行信息填写，如图 1-83 所示。

图 1-83

注意，在修改“结算设置”信息时，创作者需要先通过“作者认证”。在填写信息时，银行卡号、姓名、身份证等信息必须与本人相符，避免给后续的提现造成不必要的麻烦。

六、功能实验室

今日头条的“功能实验室”可以为创作者提供原创图片、热词分析、头条小店、小程序和大纲编辑器等帮助，如图 1-84 所示。

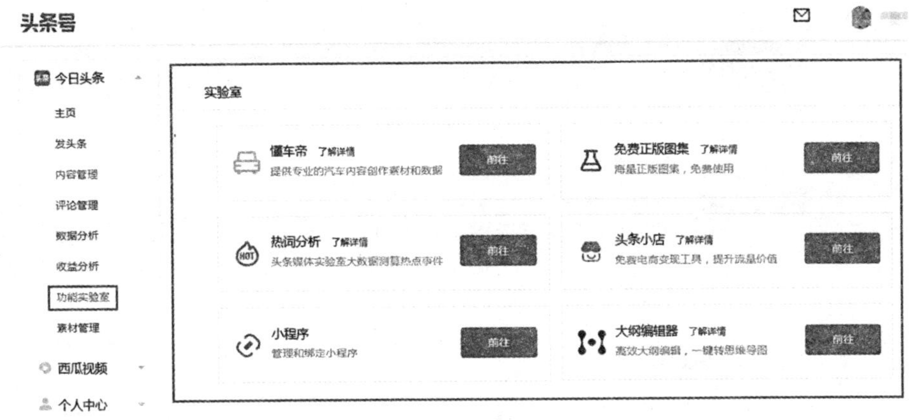

图 1-84

创作者登陆头条号后，在“今日头条”一栏中，可以找到“功能实验室”选项。下面，我们来具体看下功能实验室六个基本选项的内容是什么。

（一）懂车帝

为了帮助创作者创作更多优质的汽车内容，今日头条推出了“懂车帝”功能，包含“热门车系”和“懂车帝数据库”两个功能。创作者可以在“懂车帝”中搜索需要车型的图片和数据，避免图文不相符的错误出现。因此，若创作者发表的内容领域与车相关，可以直接使用“懂车帝”中的图片素材。

创作者可以在页面右上角的搜索框章，直接输入车型名称，进行精准搜索。若是想要使用汽车图片，则可以点击“图片素材”按钮，进行选择。点击旁边的“参数配置”，创作者可以查看该车型的详细数据，如图 1-85 所示。

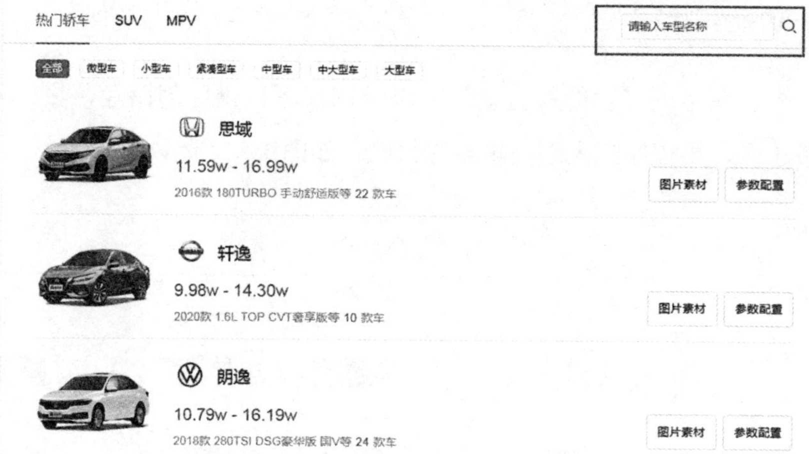

图 1-85

（二）免费正版图集

“免费正版图集”功能，可以为创作者提供丰富的版权图集素材，创作者可以根据素材信息，进行资料整合，创作出适合用户阅读的组图故事。“免费正版图集”中的图片素材都是来自全球优质媒体，且实时更新，保证创作者可以紧追热点，如图 1-86 所示。若是创作者使用某一图集并成功发布后，该素材将会下架，确保创作者的独创性。

开通“免费正版图集”功能，需要达到以下条件。

（1）创作者的粉丝数目达到 2000。

（2）已经开通了“图文原创”功能。

（3）未开通“图文原创”功能的创作者，将会受到平台的不定期邀请。

（三）热词分析

“热词分析”功能可以辅助创作者分析平台热词，通过对数据的挖掘和分析，精准地捕捉热点事件，运用到自己的文章中，吸引更多用户点击阅读，如图 1-87 所示。

图 1-86

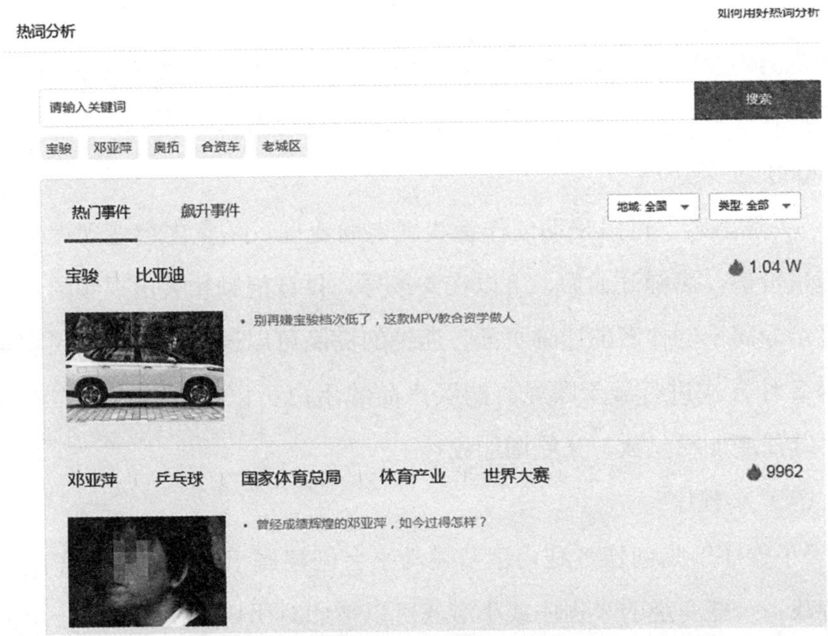

图 1-87

在使用“热词分析”功能时，创作者要注意下面几点。

1. 热度指数

通过对关键词的阅读量、评论量、收藏量和转发量等进行加权求和，计算出关键词的热度值，并将其绘制成趋势图，帮助创作者判断该热点是否有创作空间。

2. 关联分析

用户阅读含有某关键词的文章的同时，还会阅读与其有关联的其他关键词。创作者可根据用户的阅读频次，计算出词语词之间的相关性，进而根据相关热词编辑内容。

3. 人群画像

人群画像可以帮助创作者分析该关键词的地域渗透度、用户兴趣分布、年龄和性别渗透率，以此得出对关键词关注的人群在群体总关注度中所占的比例，从而精准确定受众。

4. 分析评论

“热词分析”会向创作者提供人们文章的评论，并且按照评论热度进行排序，让创作者快速了解用户的思想及争议点所在。

（四）头条小店

“头条小店”可以帮助创作者实现电商变现，拓宽内容变现渠道，提升流量价值。店铺开通后，可以在头条号、抖音视频和火山视频的个人主页显示专属于创作者的店铺页面，店铺的商品可以通过微头条、视频和文章等多种方式进行展示曝光。购买产品的用户可以直接转化创作者的粉丝，既能增加粉丝数，又能增加收益。

（五）小程序

“小程序”是创作者利用字节跳动平台创建属于自己的小程序或者是小游戏。一些有趣的小程序或小游戏可以增加对用户的吸引力。一个头条号最多可以绑定五个小程序，创作者点击右上角的“新增绑定”按钮，输入小程序的 ID 即可完成绑定。若是没有，则可以点击“创建你的小程序”按钮，跳转到“字节跳动”平台，按照平台提示进行创建。

（六）大纲编辑器

今日头条推出的“大纲编辑器”功能，可以帮助创作者收集灵感、构思结构和积累素材，打造更好的创作体验。

1. 收集灵感

创作者定好了选题，点击新建大纲，无论在哪里，只要有了灵感就可以打开幕布，秒速记录。

2. 构思结构

当创作者不知道该怎么写文章时，不妨先写一个大纲，积累几个好用的模板，用结构化思维提高创作效率。

3. 积累素材

除了积累大纲外，创作者也要养成积累素材的习惯，看到好的词句、经典案例、搞笑段子等分门别类地记录到幕布中，同时贴上不同的标签。在创作的过程中，有了需要便可以一键调取。

充分利用好今日头条的“功能实验室”，可以帮助创作者省很多的事情，创作者一定要研究透彻。

七、“号外”功能

“号外”推广功能，可以让创作者推荐自己的文章，从而增加文章的曝光量。它其实是头条号提供给创作者的一个付费推广的功能，只需要简单地设置一下，就可以将文章推广给更多感兴趣的用户，从而让文章获得更多的流量。那么，创作者怎样申请“号外”推广呢？

第一步：创作者在电脑端登陆头条号，点击“个人中心”下的“号外推广”，如图 1-88 所示。创作者在申请“号外”功能时，首先要同意“号外”服务协议，然后才可以申请。

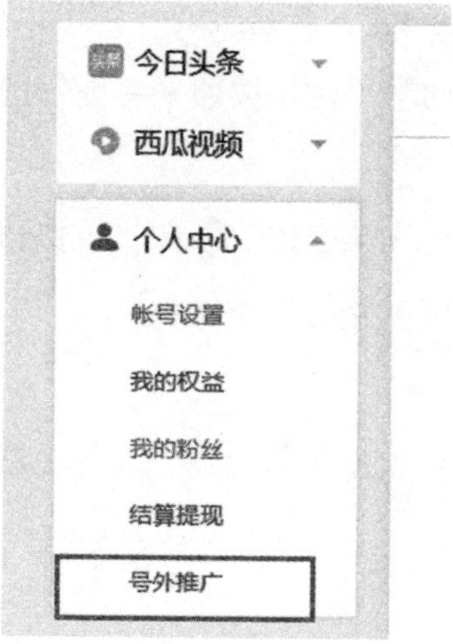

图 1-88

第二步：没有经过审核的账号，不可以使用号外功能。创作者进入号外功能页面后，点击“客户信息”进行账号审核。账号类型可以选择个人或者企业，如图 1-89 所示。

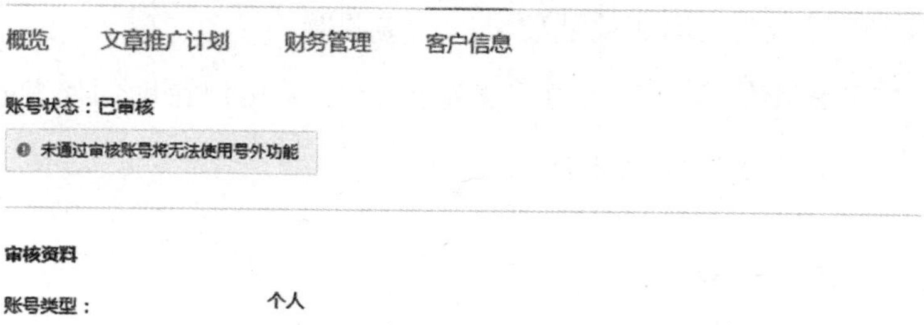

图 1-89

第三步：账号开通成功后，创作者要对账户进行充值，点击进入“概览”页面，找到“立即充值”按钮，创作者可根据自己的需要充值相应金额，如图 1-90 所示。刚开始运营头条号的创作者，可以先充值最小金额，进行尝试，等操作熟练后，再增加推广金额。

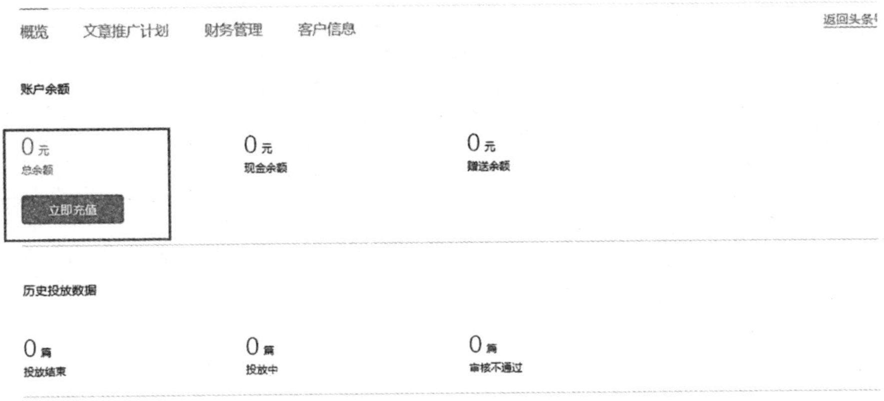

图 1-90

第四步：充值结束后，便可以进行文章推广了。在推广之前，创作者的账号上要有发表过的文章，这样才可进行投放。点击“立即投放”按钮，选择要投放的文章即可，如图 1-91 所示。

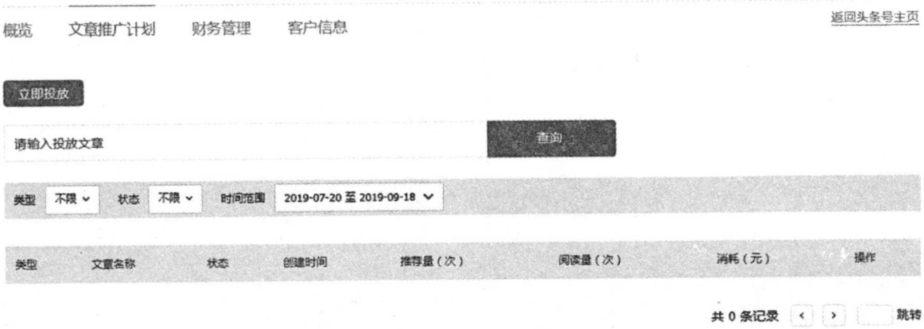

图 1-91

开通号外推广功能，可以帮助推广文章获取更多的流量，但也不会影响其他文章的正常推荐。但是，如果文章被人举报后，就会终止推荐，剩余的金额会返还到账号中。所以，创作者在创作文章时，不要含有违规信息，以免被他人举报。

第二章　研究平台，了解头条的运营方式

第一节　今日头条算法推荐系统

今日头条的算法推荐系统，从形式化的角度解释，就是拟合一个用户对内容满意度的函数，这个函数包含了三个维度的变量：第一个维度是内容，第二个维度是用户特征，第三个维度是环境特征。

一、内容特征

(一) 了解今日头条的产品结构

在很多人的眼中，今日头条只是一个新闻类资讯类的平台。但是，今日头条的创始人张一鸣定义在推荐引擎的内容时，并没有只局限在新闻资讯方面。他认为，新闻资讯只是承载今日头条内容的一部分，他的最终目的是以新闻资讯为突破口来塑造“个性化信息推荐平台”。

今日头条现在已经发展成为一个综合性的内容平台，包括图文、微头条、问答视频、UGC 小视频等。产品结构图如 2-1 所示。

今日头条主打的口号是：“以搜索引擎定制你关心的头条。”基于大数据，今日头条的算法可以迅速根据用户的浏览记录、好友和关注账号等信息分析出他大致的兴趣爱好，从而向用户推荐其感兴趣的内容。这种前所未有的推荐模式，迅速获得了用户的追捧。

1. 内容从抓取到原创

在发展初期，今日头条主要靠系统抓取的方式来获取内容，再根据用户的喜好进行精准推送。但是，通过这种方式获得的内容，拥有很大的侵权风险。而且一味地抓取他人内容，无法形成自己的品牌效应，十分不利于头条的长久发展。为了将内容从抓取往原创变迁，今日头条推出了自己的自媒体平台——头条号。

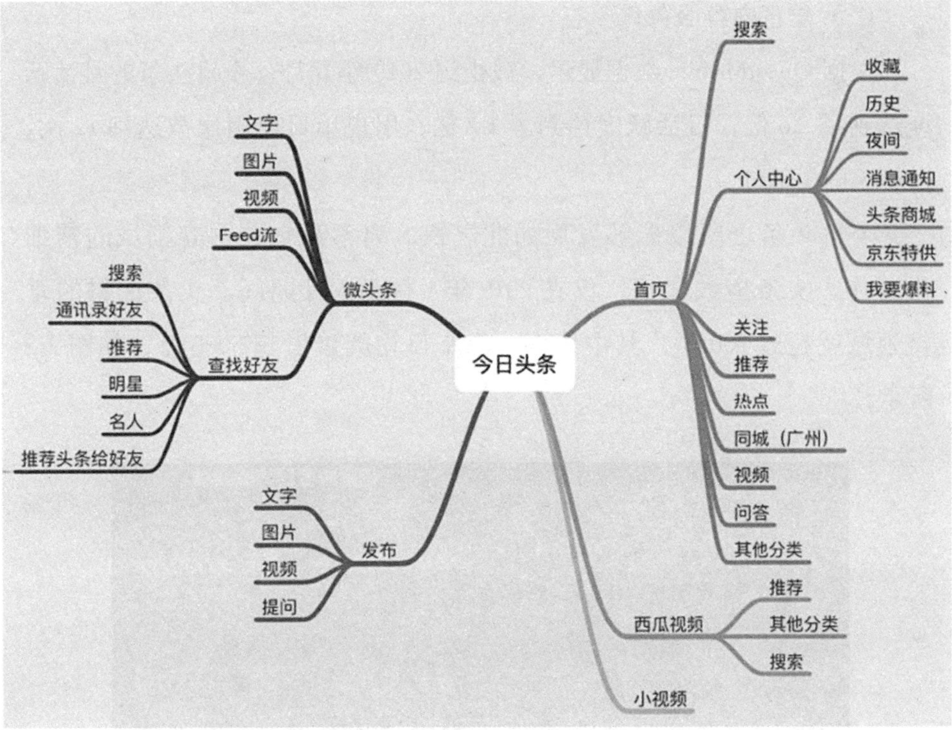

图 2-1

头条号成立后，众多媒体行业以入驻头条的形式与其达成了合作，使今日头条拿到了媒体内容。同时，第三方和个人也纷纷入驻头条号，丰富了今日头条上的内容。通过与平台对接的模式，今日头条有了比较稳定的内容来源。

为了吸引更多的优质创作者，今日头条推出了多种内容扶持计划，如“千人万元计划”“青云计划”等，设置了多种行业知名奖项，如“金字节奖”“金秒奖”等。通过多种奖励方式，激励创作者创作出更多高质量内容创作。目前，头条号上拥有百万级别粉丝的账号超过 800 个。而且，今日头条粉丝的粘性也越来越高，通过 2018 年底的数据显示，创作者与粉丝间的互动同比增长了 120%。

(二) 垂直内容服务化

根据 QuestMobile 数据显示，截止到 2019 年 6 月，今日头条的月活跃度达到了 2.6 亿，日活跃度达到了 1.2 亿，用户单日使用次数达到 12 次，远超于同类 APP。

今日头条之所以能够发展如此之快，离不开它在内容领域的精细化运作。头条指数显示，仅在 2019 年 1 月到 6 月期间，头条深耕的垂类领域就超过 100 类，其中体育、汽车日均阅读量超 5000 万，如图 2-2 所示。

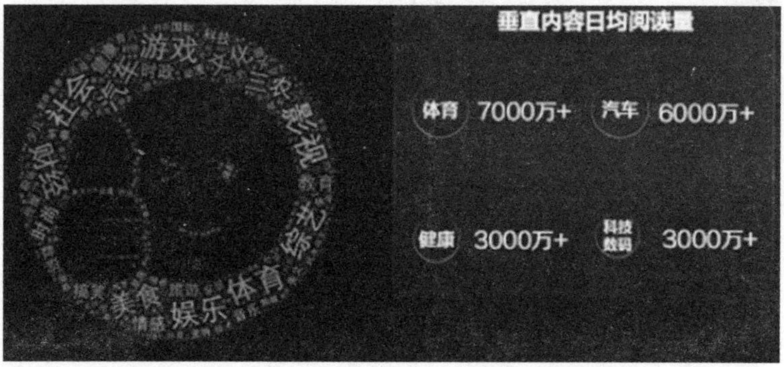

图 2-2

为了进一步满足用户需求，今日头条除了进行服务化的垂直内容外，还与第三方采取了合作或者建立了自己的新产品，比如三农和一亩田合作，汽车和易车合作，房产和优优好房合作等。

(三) 内容拓展

今日头条并不满足于新闻资讯发展，在内容类型，它增加了小说、内涵段子、悟空问答、小视频、直播、微头条、图虫摄影等内容，可以满足用户的大多数需求，如图 2-3 所示。

今日头条的每种内容都有自己的特征，正是因为它独特的推荐算法，平台才能够提取不同模块的内容特征，做到精准推荐给用户。

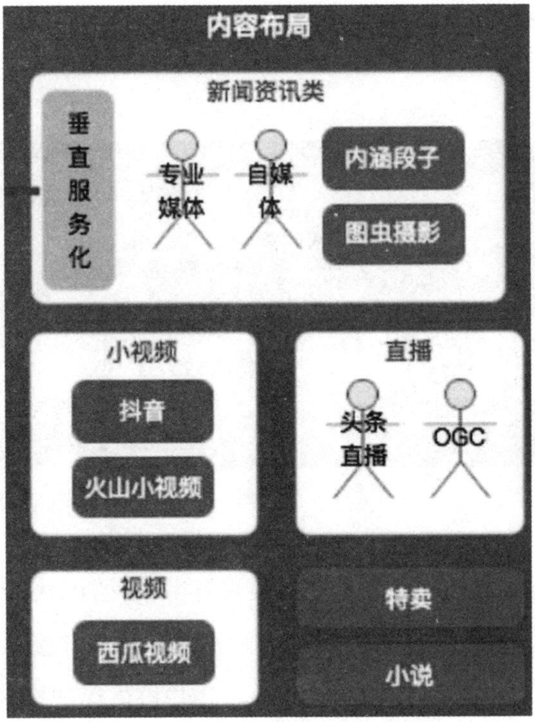

图 2-3

二、用户特征

所谓的用户特征，是指今日头条用户的属性。了解用户的属性是什么，有助于帮助创作者更好地确定目标群体。

（一）用户画像

今日头条的推荐系统会刻画用户画像，然后对用户属性进行划分，从而进行精准推荐。用户画像可以从性别、年龄、手机系统、地域等多方面进行比较。

从性别的角度分析，今日头条的用户男性多于女性，这与中国网民的男女比例有关。在《中国互联网发展报告 2018》中明确表明，中国男女网民的比率为 52.6：47.4。根据今日头条的数据显示，男性用户平均打开7次，每次5.5分钟，女性用户平均打开5次，每次8分钟，如图2-4所示。

图2-4

从年龄的角度分析，今日头条功能设计非常具有个性化，有发布内容、问答等自媒体功能，符合年轻人的上网需求。用户年龄多集中在35岁以下，其中30岁以下的用户占比为59.7%，用户群体逐渐趋向于年轻化。

从地域的角度分析，头条用户多集中在比较发达的一二线城市。在发达城市，人们互联网普及率更高，工作之余的碎片化时间也更多，如图2-5所示。

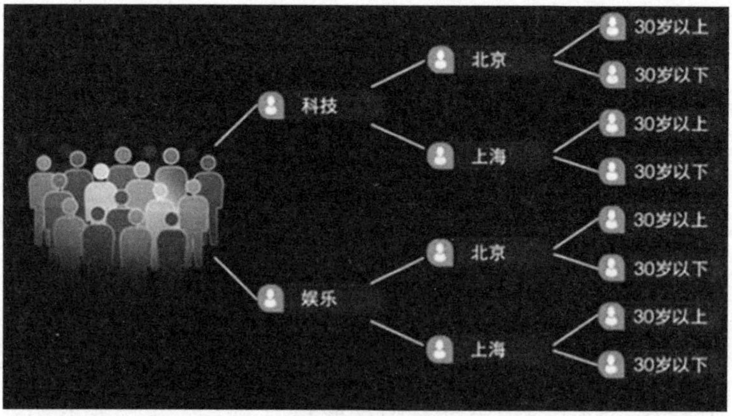

图2-5

根据今日头条发布的数据显示，使用今日头条 APP 的移动设备主要是 IOS 和安卓两种系统。其中，安卓系统占了 73% 左右，iphone 占了 24% 左右，iPad 占了 3% 左右。今日头条 APP 用户使用的手机价位比例大约为：四千元以上的占比为 31.8%，两千到四千元的占比为 13.66%，两千元以内的占比为 54.54%，如图 2-6 所示。

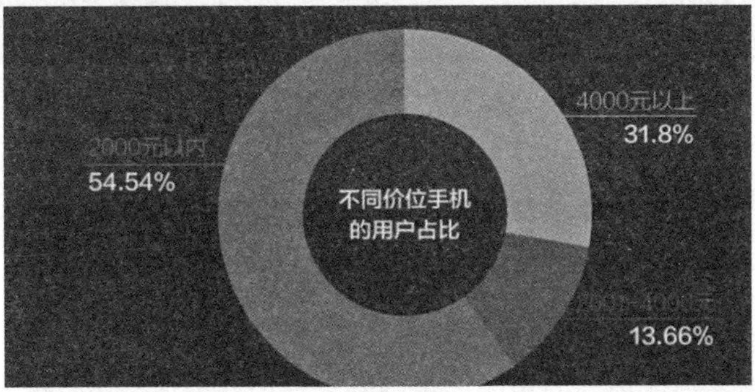

图 2-6

（二）年轻群体更喜欢夜间头条

今日头条的用户群体呈现出明显的“高线”特征，根据今日头条的发布的数据显示，用户体量排名在前十位的城市，基本上都是国内一线或新一线的城市。

通过对这些城市的用户调查显示，18—30 岁的年轻用户群体更喜欢在夜间看头条，尤其是 1 点到 4 点更是活跃高峰期。40 岁以上的用户群体更喜欢在早晨 5 点至 8 点和晚上 17 点至 20 点看头条，如图 2-7 所示。

（三）用户主动搜索意识提高

今日头条在人们生活中所占的比重越来越大，成为人们获取信息的重要入口，很多用户都会在今日头条上浏览时事热点、时政资讯、汽车和体育等类内容。今日头条不断优化搜索体验，同比于 2018 年，用户的主动搜索意识显著提高，尤其是汽车、体育类的搜索热度超过 5000 万。除了这两类，音乐、星座、热点等领域的内容，也是用户非常感兴趣的。

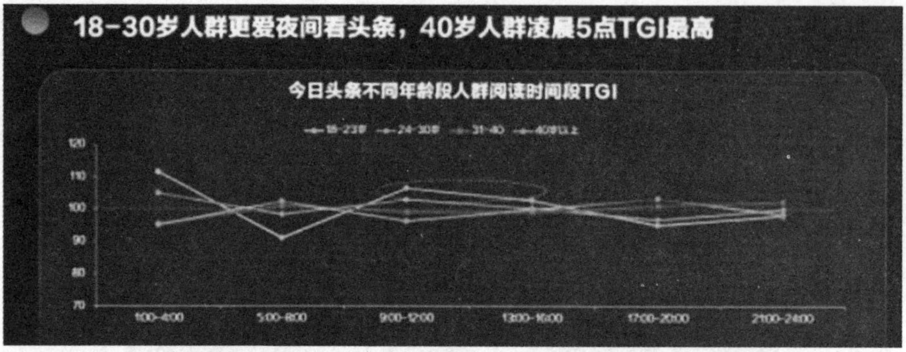

图 2-7

不同的用户群体搜索内容偏好差异有着很大的不同，比如男性用户更喜欢搜索体育、军事、时政等内容，女性用户更喜欢搜索美食、美容、健康等内容。不同地区的用户群体搜索领域的热度也不同。如，在广东地区，用户搜索热度最高的是阅读类内容；在山西地区，用户搜索热度最高的是时政类内容；在天津地区，用户搜索热度最高的是娱乐类内容；在河北地区，用户搜索热度最高的是段子类内容；在湖北地区用户搜索热度最高的是情感类内容，如图 2-8 所示。

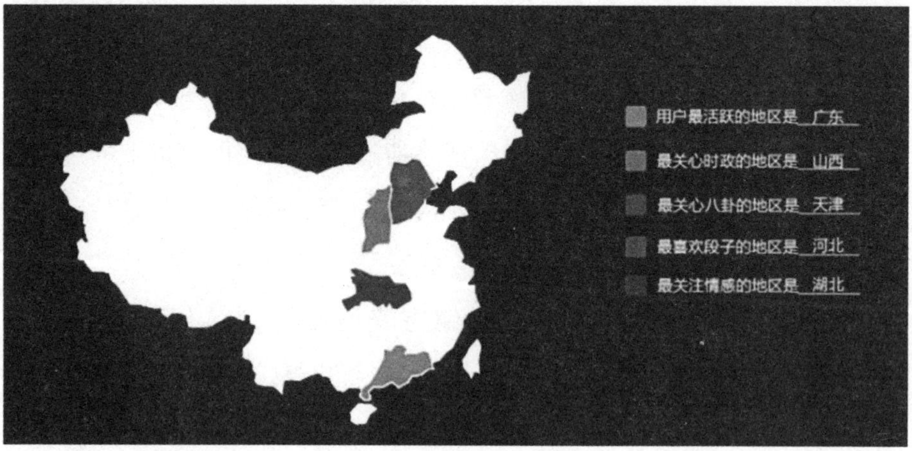

图 2-8

用户特征包括各种兴趣标签，职业、年龄、性别等，还有很多模型刻画出的隐式用户兴趣等。这些数据包括，用户经常浏览哪种类型的文章、经常搜索的关键字、注册时登记信息的内容、曾经的浏览和评论等。

比如，用户曾经浏览过与美食相关的文章，即使浏览此类的文章比较少，平台依然会提取相关关键词，将其作为一个关键指标进行使用。通过对用户各种数据的提取，进而形成用户的最终画像，方便后续平台对用户推送其感兴趣的文章和视频。

简单举个例子：我们在平时使用手机时，经常会收到各种营业厅发送的短信，比如推荐用户适用的套餐、购买流量包等，很多收到短信的用户一般都会办理相关业务。为什么通信公司能够向用户推荐合适的套餐、流量包？就是因为他们对客户进行了分群和确定了客户画像，然后定时向用户推送，既能保证推送效果，又能节省推送成本。通信公司为了刻画一个客户画像，会提取与客户相关的上千个关键指标。

今日头条的创作者需要了解头条的用户特征，然后根据用户的需求去创作内容，为用户打造场景，将其变为忠实粉丝，增加文章、视频的点击量。

三、环境特征

所谓的环境特征，就是今日头条可以根据用户的地理位置、时间为用户推荐相关内容。简单地理解，就是平台根据用户的使用场景提取关键因素，构建一些匹配特征。从而更加精准地向用户推送感兴趣的内容。

从今日头条的关键特征中，我们可以提取出两点关键因素：时间和地点。

（一）环境特征之时间

不同的时间可以为用户营造很多使用今日头条的场景，如等到或乘坐交通工具的过程中，工作或学习的闲暇之余，午后的零碎时间，上洗手间时，晚上入睡前等，如图 2-9 所示。

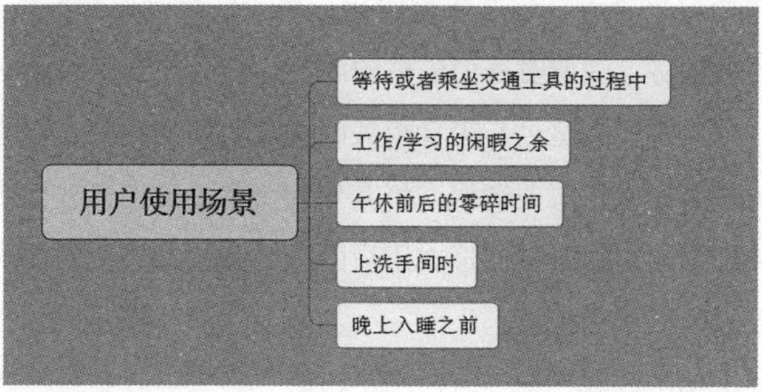

图 2-9

例如，用户早上坐地铁上班，恰好是高峰期。在封闭的车厢里，人们挤来挤去，没有一点喘息的空间。这个时候，如果有件事情能够帮助你来转移一下注意力就好了。不想刷朋友圈，看电视剧又太长，还是打开今日头条 APP 浏览一下有趣的新鲜事。哇，原来这个明星已经结婚了，北京的平均工资又涨了，吃这个食物原来可以养生……看文章累了，头条恰好又推送了一个非常搞笑的短视频，太有意思了，必须双击点赞……嗯？马上就要到站了，有了今日头条，上班的途中也没有太难熬呀。

由时间构建的不同用户场景，可以满足用户打发时间的心理需求。今日头条的内容更新很快，随时能够带给用户新鲜感，提高了用户对平台的粘性。

(二) 环境特征之地点

在移动互联网时代，用户可能随时随地都在移动，在工作、出差、通勤、旅游等多个场景中。不同的场景，信息偏好也会有所偏移。若是能够根据用户的位置，去推荐内容，就会让用户产生“哇！好智能”的感觉，进而成为产品的忠实用户。

例如，用户本身是青岛人，那么，用户日常在今日头条 APP 浏览新闻时，推荐系统提取了用户的位置信息，便会给用户就近推荐青岛相关的有趣新闻。若是用户去北京旅游了，头条便会根据用户的位置推荐北京地区用户感兴趣的新闻。比如，北京值得观赏的十大景点、北京地道小吃推荐、北京旅游高峰期……若用户明天去了南京，头条就会推荐南京地区用户感兴趣的内容，一切推荐都是以用户为主要意志。

用户注册今日头条后，平台会提醒是否允许获取当前所在位置，若是用户拒绝，则无法使用今日头条。这一选项，就是为了帮助今日头条智能定位用户位置，

通过今日头条推荐算法的三个维度的出来数据，可以分析出当下今日头条平台的大环境是什么样的，结合用户画像和所处的地理位置，快速为用户推荐感兴趣的内容。

第二节　影响文章推荐的因素

今日头条的推荐系统是比较智能的，当创作者在头条号发表文章后，智能推荐算法会将文章投递给用户。创造者最终能获取多少收益，取决于平台对文章推荐量。影响文章推荐的因素有八个，下面我们来看下。

一、点击量 + 读完率

点击量，即为用户点击阅读文章的数量。点击量越高，表明文章越受用户欢迎。点击量越高，被平台推荐的机会越大。读完率，是用户读完文章的总数（阅读数）。读完率高，文章被推荐的概率就会再次增加。

点击量和读完率，对于平台是否推荐文章有很重要的参考价值。用户在今日头条上发表文章后，会获得一个初始推荐流量。若文章写得非常好，很多用户喜欢看，点击量和读完率上升了，平台就会再次推荐，进而让文章被更多用户看到。若是文章的点击量和读完率很低，意味着文章的内容不受用户欢迎，或者读到中间用户就退出去了，平台将不会再给文章

分配流量。

为了提高文章的点击率，很多创作者会在标题上下工夫。起一个非常吸引人的标题，这个思路是对的。在今日头条平台上，用户浏览内容时，第一眼看到的就是标题。有趣的标题，可以增加点击量。但是，若点击量高，而读完率很低，文章就会被平台判定为标题党，下架文章，并对账号进行扣分。用户看不到文章，创作者自然也没有收益。

创作者即使想要提高点击量，也不要在标题中放入诱发性的词，比如过度夸张、与事实不符的标题，避免被头条判定为标题党。在今日头条上发文章时，原创内容最受欢迎，要注意的是内容不能含有反动、敏感、色情等信息。

文章想要保持比较高的点击量和读完率，首先要符合账号的垂直度，即账号定位的是美食，那发表的文章与美食关键词保持高相关度，不可以今天发与美食相关的内容，明天发美妆类的文章，后天发体育类的文章……账号的垂直度过低，会直接影响今日头条的推荐量，从而降低点击量，形成一个恶性循环，创作者就彻底没有了收益。

其次，为文章配图。单纯的文字，阅读起来会很枯燥，用户可能看了开头就直接退出了，影响文章的读完率。根据文章的内容，配几张生动的图片，既可以在排版上形成有序的视觉效果，又缓解了用户的视觉疲劳。创作者在配图时，要注意图片清晰，让读者形成直观的感受。有一些读者可能会为了看图片，而读完整篇文章。

最后，文章内容不要太长，创作者注意控制字数。文章太长，显得节奏啰嗦拖沓，讲不清重点。将字数控制在 500—600 字间即可，既能讲清楚事情，又不会让用户产生视觉疲劳。再配上五六张图片，增加对用户的吸引力。

提高点击量和读完率，获得更多平台推荐，文章被更多用户看到，创作者就能凭借广告获得更多收益。所以，创作者一定要重视。

二、分类明确

创作者在注册头条号时，会进行类别选择，如科技、娱乐、体育、汽车、养生等 20 多个分类，如图 2-10 所示。选择好类别后，意味着创作者确定了以后内容创作的大方向。

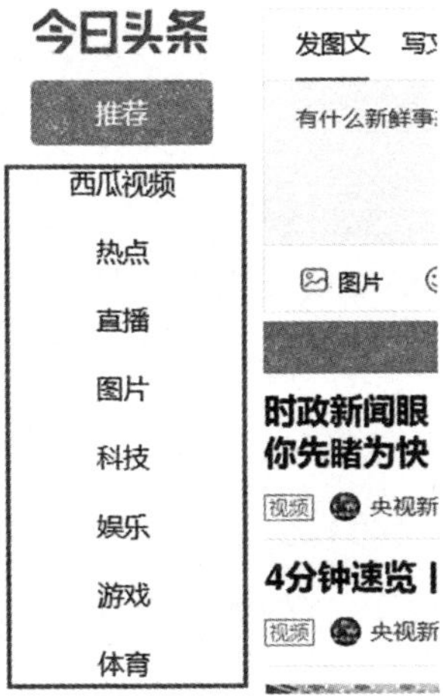

图 2-10

今日头条给用户推荐文章的过程是这样的：创作者发表文章后，推荐系统会提取文章的关键词、标签等信息，然后将其推送给对此类关键词、标签感兴趣的用户。

例如，创作者账号定位的是娱乐类，创作的文章主题也应该是与娱乐相关的文章。文章的关键点明确，就会被平台快速推送到目标人群的头条中。但，若是创作者选择时类别是娱乐，文章通篇都是写美食的内容，系统提取的关键词、标签与类别相矛盾，推送效果将大打折扣。

三、文题一致

用户浏览今日头条网页时，看到一个很有趣的标题，于是点进去阅读，结果发现文章的内容和标题完全不一致，就会产生失望之感，退出文章。从而导致文章的读完率降低，被平台判定为标题党。

有的用户在阅读到文题不一致的文章时，在失望和愤怒情绪的支配下，还会到文章底部，点击“举报”按钮，举报文章，如图 2-11 所示。

图 2-11

文章被举报后，一旦平台核实情况属实，将会封禁文章并且对账号进行扣分。标题和内容一致，不仅能够让用户阅读的时候舒服，也是平台需要且一直推行的。文题一致的文章，可以获得更多平台推荐。

在创作文章时，创作者可以先确定文章的主题是什么，然后根据主题确定标题，再围绕标题展开内容创作，确保文章的标题和内容始终是围绕主题创作。这样，就可以达到文题一致，大大提升读完率，获得更多平台推荐。

创作头条文章时，为了吸引用户点击，标题的拟定很重要。创作者在拟定标题时，可以适当加入一些吸引眼球的词，比如重磅、劲爆等。但是，不要用类似“震惊了”“99% 的人都……”“快看马上删文”等浮夸、具有诱导性的词。如果标题中含有这类型的词，不容易通过机器人的审核，被提交给人工通道后，一旦被判定为标题党，文章将不会被发表。

四、内容质量

在互联网时代，消费者拥有越来越多的自主选择权，在信息大爆炸的时代，他们更加渴求获取优质内容。因此，丰富多元的内容需求使内容的重要性愈发凸显。对平台而言，得用户注意力者得天下，内容营销已成为核心竞争力之一，唯有持续输出优质内容，方能快速抢占消费者眼球。

(一) 优质内容争霸的时代全面到来

一直以来，自媒体平台风行的宗旨就是“内容为王”。然而，在当下的新媒体内容却打破了这一宗旨，即使是一条无聊至极的娱乐消息，也可能得到病毒般的传播，获得客观的点击量。

在这个基础上，有的新媒体公司为了获得商业利益，创作低级趣味的内容来吸引用户，以至于上产内容越来越趋向低级化、庸俗化，污染了自媒体生态环境。

很多传媒公司已经意识到了事态的严重性，在 2019 年举行的“6—7 月 CEO 面对面”会议上，今日头条的创始人张一鸣这样说：“如果没有搜索场景的拓展和优质内容，今日头条的增长空间可能只剩 4000 万 DAU。”意思是，优质内容才是竞争力。

2019 年年初，很多媒体平台关闭了阅读量的展示数据，改为显示评论和点赞的数据，自媒体平台将迎来一次新的蜕变和改革，优质内容争霸的时代全面到来。

(二) 平台给予支持

今日头条希望每个注册头条号的创作者都能够发表非常优质的内容，这样才能留住用户，让平台获得持续性发展。作为内容平台，今日头条一直在努力激励优质原创内容，除了给予优质内容一定的流量倾斜外，还推出了一系列奖励、签约和扶持计划，如“金字节”奖、“礼遇计划”、“千人百万粉计划”“青云计划”等。

对于优质创作者，今日头条还给予多重流量资源扶持。数据显示，今日头条日均文章推荐量达 2.3 亿，日均阅读量破 1000 万，超级流量帮助品牌构建优质流量池。

(三) 优质内容创作方法

创作优质内容，创作者可以从下面几个方面入手。

1. 选材

创作者选材时，要注意垂直度，选择与自己账号领域相关的题材，不要跨领域创作。创作者可以分析当下该领域的热点文章有哪些，找到用户的兴趣点，就能创作出用户喜欢阅读的文章。

2. 痛点

创作者可以从满足用户的心理需求方面进行创作，如，用户在阅读你的文章时，可以获得愉悦、生气、愤怒等，与文章的情感共鸣，那读者就可以沉浸在文章中。

3. 价值

文章能够为用户提供价值，比如，用户读了你的文章后，有了什么样的收获？这些收获对他的生活能够产生什么影响？只要能从文章中获取价值，用户就会将文章读完，甚至因此关注创作者，成为其粉丝。

在创作文章前，创作者可以对头条的热点文章进行分析，看其他创作者的写作套路是什么样的，适当借鉴一下。在平时多注意素材的收集，在用到的时候才能文思泉涌。

五、账号定位明确

创作者在今日头条上发表文章，可以获取收益。但是，文章并不是随意发的。在创作内容前，创作者需要对账号有一个明确的定位。只有定位明确了，创作者才能找到正确的创作方向。

在自媒体运营中，不论是什么平台，在运营之前，创作者都需要对账号进行定位。账号定位包括领域定位和用户定位。

（一）领域定位

今日头条上的领域有很多，创作者注册头条号时，只可选其一。在定位前，创作者需要明确自己擅长的领域是什么？是擅长做美食还是擅长解说电影？是擅长写情感故事还是擅长美妆教学……在擅长的领域进行深耕，文章中有自己独到的见解，才能吸引读者的注意力。

(二) 用户定位

所谓的用户定位，即找到领域对应的目标群体。用户定位是最重要的环节，只有定位了目标群体，分析目标群体的兴趣点，才能吸引到精准目标用户。在策划内容时，创作者需要了解目标人群的性别、年龄、群体特点、痛点是什么等。将目标用户分析透彻，更有利于文章创作。

有一些创作者喜欢跟风，看到哪个领域流量多，不管是否是自己擅长的，就盲目去创作。结果，因为不擅长而没有创作激情，创作出来的作品没有特点，无法吸引读者。或者，账号的作品针对的目标人群是老年人，内容观点却十分激进、网络化，无法引起用户的共鸣。

这些做法都是错误的，也无法获得平台的推荐。账号上发表的文章题材定位明确，更容易被推荐系统提取相似的关键词，进而推荐给更多感兴趣的用户。若是发表的文章定位不明确，有各种题材，与账号定位的领域相矛盾，平台不会给其分配流量。

六、互动数、订阅数

在今日头条上，读者越活跃，文章获得平台推荐的机会越多。文章的互动数和订阅数，是平台判断读者是否活跃的重要依据。

互动数，就是读者对文章进行评论、转发、收藏、回复评论的总数，如图 2-12 所示。数值越大，表明读者越活跃，对文章的关注度和参与度越高，代表了文章受欢迎程度越高。这样的文章，平台会给予更多的流量和推荐。

订阅数，就是有多少读者关注了作者。如果创作者能够持续输出用户喜欢的内容，或者有一篇文章深入用户内心，用户便会关注创作者，成为创作者的粉丝。

创作者的粉丝越多，意味着创作出来的内容越受用户欢迎。平台还会根据文章的点赞、评论、转发、收藏等互动数据来判断文章是否为优质文章。当文章被平台判定为优质文章后，就可以获得更多推荐。

图 2-12

创作者除了要创作优质的内容外，在平台发表文章后，若是有读者评论，可以积极回复对方，增加读者对文章的参与感，进而关注账号，成为粉丝。粉丝越多，增加文章的阅读次数，创作者就能获取更多收益。

七、站外热度

站外热度，就是文章除了今日头条平台外的其他软件的阅读量。阅读量越高，反馈到今日头条平台后，平台给予文章的推荐越多。

创作者在今日头条发表文章后，为了获得更多推荐和阅读数，可以文章转发到社交平台，比如微信、微博、空间等，如图 2-13 所示。利用“点与点”社交关系网，迅速增加文章的阅读量。站外阅读数越高，说明文章的质量越高，影响力越大，从而获得平台推荐的机会越大。

图 2-13

除了创作者本身分享文章，增加站外热度外，用户分享，同样也可以增加站外热度。而且，用户转发量越大，平台便会判定文章的质量越高，进而给文章分配更多流量。

有一些用户阅读了一篇内容非常棒的文章后，便会点击文章右下角的分享按钮，将文章分享给好友，如图 2-14 所示。

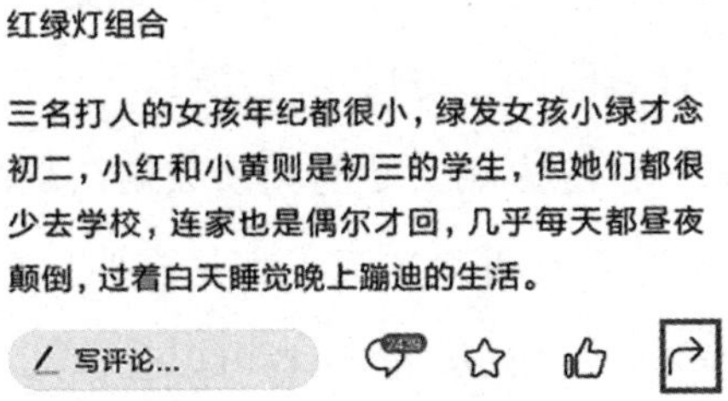

图 2-14

最常见的分享平台便是微信，很多人微信账号上的好友数量都不少，将其分享给好友后，好友也可能会因文章内容而分享，使文章快速在社交网中传播开来，被更多人阅读。

那么，如何才能增加文章的互动数和订阅数呢？

想要增加文章的互动数和订阅数，首先文章的内容质量要好，言之有物，让用户阅读之后有所感，才会愿意点赞和分享。

其次，创作者需要积极与读者互动，比如有读者在文章下方评论后，创作者可以积极回应对方，或者还可以就文章的观点进行探讨。时刻关注评论动态，还可以让创作者及时删除恶意评论。

创作者需要重视文章的互动数和订阅数，学会运营文章，增加站外热度，然后被平台推荐系统抓取，推荐给更多用户。

八、发文频率

有的创作者刚在刚注册头条号时，凭借满腹激情，每天坚持发表文章，有时一天还会发表两三篇。但是，看不到效果后，便三天打网两天晒鱼，想起来就发表一篇文章，若是想不起来便隔上几天发表一篇文章。最终，账号的收益越来越差。

发文频率，是平台判断创作者能力的重要标准。每日发表一篇文章，坚持一个月，形成规律的发文频率，文章更容易被平台系统抓取。创作者在今日头条发表文章时，不必急于收益，账号需要一个积累粉丝阶段。创作者可先积累底稿，设置时间，每日定时发布。

发表文章的时间，也能影响文章的阅读数据，从而影响平台推荐。一般而言，用户在今日头条上阅读文章，都是在空闲时间，比如早餐、午餐、下班后、地铁等时间。所以，创作者可以在这几个用户高峰时间段发表文章，可以被更多用户看到。

在发表文章时，若是创作者不能保证规律发文，可提前编辑好文章，选择“定时发表”，如图 2-15 所示，设定好发表时间，如图 2-16 所示，提交保存即可。

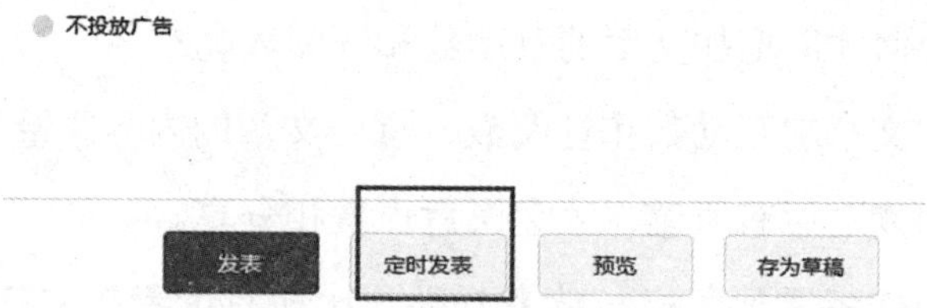

图 2-15

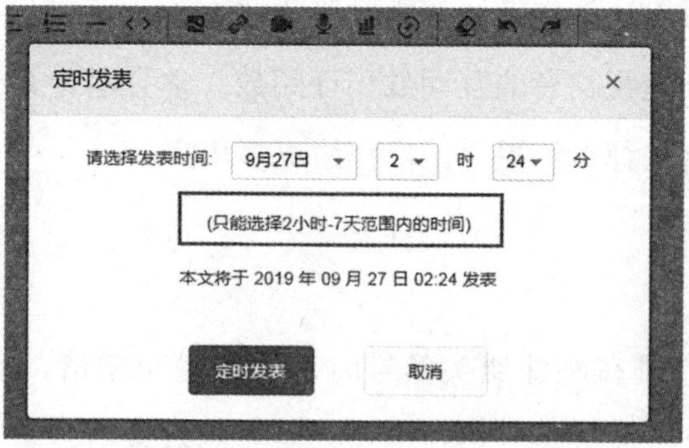

图 2-16

规划好自己的发文时间，最重要的就是始终坚持下去，形成自己的发文规律，这样才能获得平台推荐系统的认可，从而给文章分配更多的流量。

第三节　审核和消重机制

今日头条对文章的审核和消重是很严格的，创作者弄懂文章的审核和消重机制，对文章通过平台审核成功发表有很大的帮助。

一、文章的审核规范及细则

今日头条上的每一篇文章，都必须通过平台的审核，才能成功地发表到平台上。创作者必须了解头条文章的审核规范，遵守文章的审核细则，保证文章能够及时被用户看到。

今日头上的文章审核包括两方面：机器审核和人工审核。其中以机器审核为主，人工审核为辅。当文章被提交到平台后，首先会被机器过滤，若是机器审核不通过，则会被提交到人工通道，等待审核。然后根据文章的具体情况，决定是否要给用户通过审核。审核的时间一般为 3—5 分钟，最多不会超过 24 小时。

不符合头条规范的文章，将会被退回给作者修改，知道符合规范后，才能被推荐给用户。当然，若文章违规情况恶劣，不会被退给创作者修改，直接不予推荐。

在头条上发表文章，若是文章出现下面的情况，不符合头条细则，将不会被机器推荐。

1. 标题不规范

标题不符合基本的语言规范，如含有错别字、不通顺、含有特殊符号等问题。或者，标题的内容有问题，如含有敏感（特殊信息）、冒用头条名义、含有低俗信息等，都会被机器退回修改。

2. 正文不规范

文章的格式出现错误，如全体文字为繁体字、英文，有大段的乱码、不分段等。或者，文章内容不完整、大段重复等，影响用户的阅读体验，将不会被推荐。为了吸引用户的眼球，文章中含有敏感、低俗的诱导性信息，将不会被推荐。

除此之外，正文中含有二维码、电话号码、网站链接、微信账号等个人信息，文章将会被退回修改。若是文章的图片含有广告信息或者广告水印，文章将直接不予推荐。

3. 广告

在文章中含有大量营销购买的信息，如硬广告，广告对象为单一的产品或品牌；为了推广某一产品，正文中铺垫了大量的内容等，将不予推荐。在文章中插入商品链接，或点击图片会跳转到购物平台，若账号没有开通“插入商品外链”功能，文章也不能通过审核。

只要遵守上面的头条细则，文章便能够通过机器和人工的审核。若是创作者想要加快审核速度，就要注意获取机器人和人工“好感”。

获取机器“好感”，具体做法如下。

（1）坚持原创，原创的文章在今日头条平台更受欢迎。

（2）内容通俗易懂，不要咬文嚼字，过于深奥，不易通过。

（3）内容层次分明，既能形成整齐的视觉效果，又能让阅读富有节奏化，创作者可以将文章内容分成几块，多用小标题。

（4）图文并茂，让文章更有阅读性。

（5）有独到的见解，不人云亦云，能够经常发布新鲜的论调。

（6）文章发表之后，不要频繁修改文章。

获取人工“好感”，具体做法如下。

（1）内容质量：多创作优质的内容，远离低俗、低质量的内容。虽然有一些低俗的内容可以帮助创作者在短时间内吸引高点击量，但很容易被人工检验出来，进而对文章进行处罚。

(2) 垂直度：创作者要多发表与选择领域相关的文章，不要随便跨领域发文。若是降低账号的垂直度，文章很难通过审核。

今日头条上规定文章的细则有很多，在创作之前，创作者可进行详细地了解，在遵守规则的情况下创作出满足用户需求的文章，吸引更多粉丝关注。

二、通过算法来消重

为了保障创作者和用户的权益，今日头条平台推出了消重机制，本质就是利用今日头条的算法来对文章进行分类和对比，避免重复、相似的文章在同一时间出现在用户的信息流中。今日头条对文章的消重包括五个方面：内容、标题、预览图、图片和主题。

内容消重：就是发布的内容会和平台上的其他文章进行对比，若是内容相同或类似，平台会对其消重，文章将无法在平台上发表。内容消重在头条平台上最为严格，一旦文章被平台消重，很可能会影响账号其他内容的推荐。

标题、预览图、图片消重：文章中的标题、预览图和图片，也是平台消重的内容之一，尤其是图片。创作者使用图片时，很多都来源于素材库，就会出现同一图片被多篇文章使用的情况。即使内容完全不一样，平台也可能会将相同图片的文章进行消重。

主题消重：相同的主题，也会被平台消重。这种情况一般出现在热点事件中，创作者热衷利用热点事件进行创作，吸引用户的关注。这样，就导致了热点事件被频繁使用，引起用户的厌烦。平台不会允许这种情况发生，为了避免用户连续看到相似的内容，平台会对主题进行消重。

那么，今日头条平台是如何通过算法来对文章进行消重的呢？

当文章上传到平台后，通过系统的计算，会将文章中的文本、标题、图片和预览图分别转化成一组数字代码。这些数字代码就是每个选项的身份证，帮助系统整理、分类众多文本、图片信息。

信息的“身份证”，在计算机领域通常被称为“信息纹”，经常被用来判断信息是否重复。在今日头条的算法中，可以将文章中的文本和图片转化为不同字符的信息纹，然后判断它们在内容中出现的次数，算法反复进行运算，最终得到整篇文章的信息纹。若是文章的信息纹在整个系统中反复出现，就会被系统消重。

消重机制对于个体原创作者十分有利，可以给他们的文章带来更多的曝光机会。因为，这些文章是个人兴趣所写，有着自己独特的思想，不容易与他人的文章的相撞。在创作文章时，创作者可以申请“原创”权益，让自己的文章获得平台有限推荐。

在今日头条平台上，以下两种内容是得不到系统推荐的。

（1）将其他平台的文章直接搬运到今日头条平台，很容易被后台系统检测出是重复的。

（2）根据热点文章选题、创作，还有为文章配类似的图片、标题，都很容易被后台系统判定为重复。

创作者如果不想自己的文章被消重，在创作文章时，可以从下面几个方面入手。

1. 坚持原创

完全原创的内容，无论是内容还是图片，最容易避开重复的问题。原创的内容基本上是独一无二的，创作者就不必消重的问题。

有一些创作者会将同一篇文章发表到多个自媒体平台，若是头条号发送得比较晚，导致内容没有成为“关键项，”也可能会被系统判定为重复，进而审核不通过。因此，创作者可以现在头条号上发表文章，然后同步到别的自媒体平台。

2. 谨慎追逐热点

热点事件可以为文章带来大量流量，但同时也会让文章被消重。所以，若是想利用热点事件，创作者必须拥有敏锐的感知力，能够在热点事件发生后的第一时间，就写文章发表。若是热点事件已经发生很久了，则不可再借用，以免做无用功。

3. 标题新颖

使用常见的标题套路，很可能就会与其他文章标题重合，进而被系统消重。在拟定标题时，创作者需根据文章主题和平台规则，尽量挖掘自己的创意，做到既符合规则，又能吸引用户的眼球。

文章的消重机制，能够保证用户在浏览文章时，时刻接收各种新鲜信息，不会因为类似文章的推荐而对平台产生厌烦心理。创作者想要获取收益，则需要对平台消重机制的算法和技巧进行详细的了解。

第四节　头条收益来源

注册头条号后，创作者就可以开始创作内容赚取收益了。在头条平台上，创作者获取收益的来源有五种：开通广告投放、开通自营广告、开通商品功能、粉丝转化变现和接广告赚收益。

一、开通广告投放

注册头条号后，创作者便可以开通“头条广告”功能。创作者坚持优质内容输出，为文章积累了一定的粉丝和阅读量后，头条便会给账号上的文章和视频分配广告。用户每一次阅读文章或观看视频，创作者都可获取收益。

（一）了解“头条广告”

创作者登陆头条号后，点击“个人中心”下的“我的权益”选项，找

“头条广告”，点击“功能介绍”了解想象内容，如图 2-17 所示。一般情况下，只要用户注册了头条号，就会自动开通“头条广告”功能。

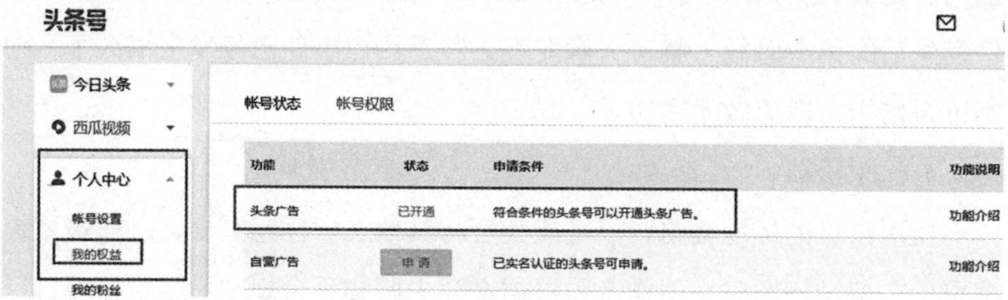

图 2-17

头条广告投放适用于个人、群媒体、新闻媒体、企业类型等各种类型的头条号，它是头条号作者将广告委托给头条号平台代运营的一种广告形式。可以通过头条号的推荐系统，将用户和广告内容进行智能匹配，实现精准推广，从而获取收益。

(二）开通“头条广告”的方法

创作者登陆头条账号后，点击“今日头条”下的“收益分析”选项，点击“收益设置”，选择是否投放头条广告，如图 2-18 所示。

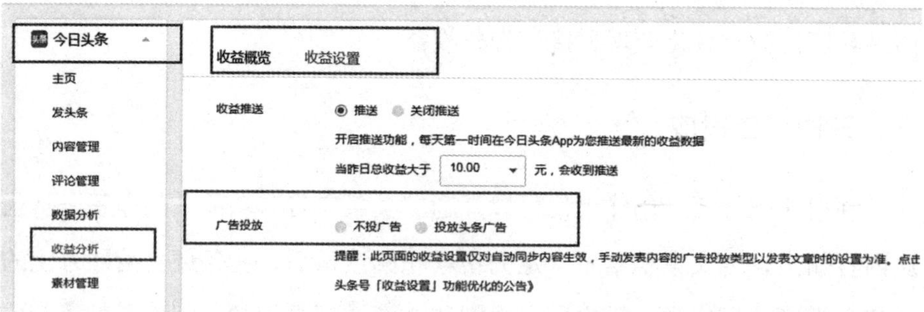

图 2-18

一般而言，开通“头条广告投放”，对创作者比较有利，创作者可根据自己的实际情况进行选择。注意，在选择广告投放选项时，下面有一行文字提醒：此页面的收益设置仅对自动同步的内容生效，手动发表内容的广告投放类型以发表文章时的设置为准。即，在手动发表文章时，创作者需要自行手动选择“投放头条广告”选项。

二、开通自营广告

“自营广告”需要创作者主动申请，登陆头条号后，点击“个人中心”下的“我的权益”选项，找到“自营广告”，点击“申请”按钮，只要满足申请条件，即可申请“自营广告”。

申请“自营广告”条件如下。

（1）用户已经使命认证。

（2）账号入驻时间≥ 30 天。

（3）最近 30 天，已发文≥ 10 篇。

（4）无违规处罚记录。

如果创作者认为系统分配的广告收入太少，可以申请设置自营广告。例如，创作者账号粉丝上万，每篇文章的阅读量都很高。那么，创作者就可以去和一些淘宝店、拼多多店的店主商谈，每个月给多少钱，将他们店铺的链接或者商家广告放到文章下面，帮助他们的店铺获取流量。

“自营广告”服务是完全免费的，可以实现自我宣传、活动介绍、APP 下载、营销推广等目的。但是，投放“自营广告”，创作者必须遵守广告投放规范，具体规定如下。

（1）在今日头条上投放自用广告，有一定的行业限制。如健康、医疗、保健、彩票、财经、金融、法律、两性、教育、广告招商、微商、二类电商等行业，被禁止投放。

（2）投放自营广告，创作者上传素材时，要注意两方面。

①广告内容页：必须在移动端适配，大小不超过 1M；不能进行二次跳转；不能含有自动播放的音频（视频）；不能为第三方媒体平台页面；

应用下载广告中的 IOS 系统必须使用 iTunes 原始链接。

②广告展示图片、文案：不得出现违法、虚假欺诈、低俗、敏感色情类信息；不得涉及第三方的负面信息；不得出现无授权名人形象；不能有吸烟、饮酒形象；社交软件（内衣类广告图片）不能使用真人形象；不能出现“日赚 500 元”兼职招聘类信息；广告中出现微信帐号或微信公众帐号的，不能出现明显售卖倾向的描述。

在投放自营广告前，创作者需要弄清楚自营广告的规则，不要为了收益盲目去操作。盲目操作，很可能会违规，进而被平台扣分。

三、开通商品功能

2016 年 12 月 15 日，今日头条发布推出了插入商品链接功能。创作者在发布文章时，可在正文中插入第三方平台（淘宝、天猫、京东、亚马逊、微店等）的商品链接，商品在正文中会以卡片的形式展示。

用户在阅读文章时，点击卡片便会跳转到页面购买商品。当用户通过创作者的链接购买商品后，创作者便可以获取佣金。因今日头条的流量较大，商品功能是创作者最容易获取收益的渠道之一。

（一）商品功能申请条件

头条账号的粉丝达到 2000，头条号播数在 450 以上，创作者即可申请开通商品功能。创作者登陆头条账号后，点击“个人中心”下的“我的权益”选项，点击“申请”按钮，等待系统审核即可。

（二）商品功能使用方法

第一步：创作者开通了商品功能后，在编辑文章时，即可在编辑栏中选择“商品”按钮，如图 2-19 所示。

图 2-19

第二步：点击“商品”按钮，页面上会弹出一个窗口，窗口中有三个选项分别是“商品链接”“我的店铺”和“智能推荐”。若是创作者本身拥有店铺，便可以将自己店铺的商品链接和店铺链接插入到文章中。若创作者本身没有店铺，便可以点击“智能推荐”，从中寻找佣金高的商品，点击“确定”即可将链接插入到文章中。

第三步：在选择商品时，创作者最好选择与文章主题相关的。用户在阅读文章后，看到相关的商品推荐，自然而然地会点击购买。在“智能推荐”中选择商品，创作者无法修改商品的标题、图片和售价等信息。插入商品信息后，创作者无法再进行修改，只能删除。

第四步：若创作者选择“商品链接”选项，将商品链接直接粘贴过来，点击链接旁边的“获取信息”按钮，获取商品的具体信息后，可按自己需求对商品的标题、图片和售价等信息进行修改。

（三）商品功能使用注意事项

创作者在使用“商品功能”时要规范，若是使用不当，不仅无法获取更多收益，而且还可能降低文章的推荐量。“商品功能”使用的注意事项有下面几点。

（1）创作者在插入商品卡时，不可以将其放在正文的最上方。

（2）文章中的商品卡数量最大不能超过 5 个。

（3）插入的商品卡内容不能与文章的主题无关，比如，文章中写的是与美食相关的内容，商品卡推荐的却是衣服，这样的文章将得不到平台推荐。

（4）文章中的商品卡不能重复插入；若是没有好的商品推荐，插入一个商品即可。

（5）插入商品卡时，文章中不可以出现商家的电话、qq、微信等个人信息。

（6）文章中插入的商品，不可含有敏感商品，如保健药品、医疗美容器械、管制刀具、枪械爆炸品等。若是中草药、隐形眼镜等商品必须是京东渠道的商品，这类商品今日头条不支持其他渠道的商品插入。

商品可以帮助创作者获取更多收益，但是插入商品后，文章的推荐量可能会降低，需要创作者对此下更多的功夫。

四、粉丝转化变现

自媒体的运营，粉丝转化变现在创作者收益中占有最重要的比重。当头条号的粉丝积累了几万甚至几十万时，不仅可以让创作者获取广告收益，而且还能通过粉丝进行内容变现。

如，创作者创作的领域是三农，便可以通过文章进行农副产品的售卖；若创作者创作的领域是教育培训，便可以在文章中推广，让感兴趣的粉丝来上课；若创作者创作的领域是美妆，便可以在文章中对化妆品进行推荐，实现带货目的……

今日头条的作者不管是运营什么领域，都可以通过文章进行粉丝变现。增加粉丝的数量，获取更多用户关注账号，是创作者运用头条号最重要的事情。

五、接广告赚收益

在今日头条上接广告，也是非常赚钱的。当创作者账号的粉丝积累到一定程度后，便会有商家看上账号的宣传能力，邀请创作者在文章中对商家或者商家的某种产品进行宣传，并且支付创作者一定的广告酬劳。

如，今日头条上的很多美妆大号经常会在文章中推荐某些好用的化妆品，其实就是他们收取了商家的广告费，将产品推荐给粉丝，促使粉丝购买。

创作者想要通过运营头条号获取收益，粉丝起着至关重要的作用。所以，创作者需要增加粉丝的数量。而吸引粉丝关注账号的重要因素就是内容。因此，在创作文章时，创作者需要多写一些用户关心的内容，获取其关注。

第三章　打造爆文，头条号的内容运营

第一节　话题：超级爆文必定来自超级标签

一、男性的 15 大阅读标签

在今日头条上，创作者想要打造超级爆文，就需要了解头条的推荐机制。在今日头条的推荐机制中，标签对内容推荐有着重要的影响。标签，我们可以理解为用户的兴趣点。根据用户的兴趣点挖掘用户感兴趣的内容，不仅可以获得更多平台推荐，而且还可以吸引更多用户点击阅读。

分析今日头条的阅读标签，需要从性别着手。性别不同，感兴趣的标签也不同。下面我们来看看男性用户感兴趣的阅读标签排名：社会、娱乐、本地、汽车、时政、世界、财经、数码、运动、军事、健康、科技、段子、历史、家居。标签排名越靠前，男性用户的兴趣越大。具体占比如图 3-1 所示。

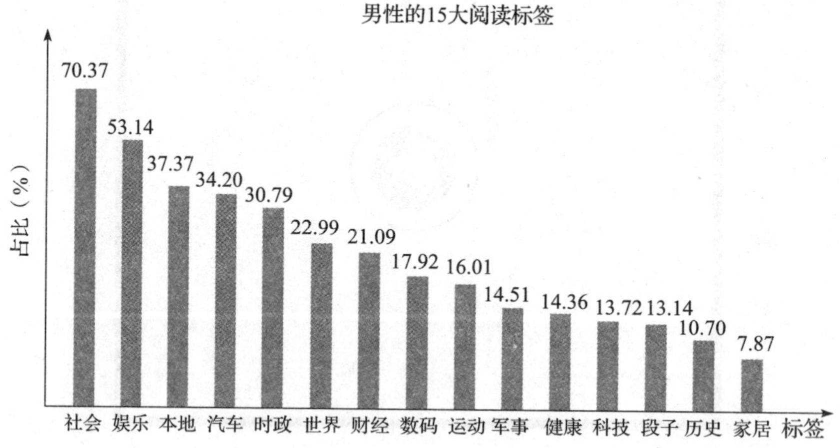

图 3-1

对今日头条整体男性用户阅读标签进行分析后，创作者便可以根据自己的文章创作方向，选择比较受用户欢迎的标签进行创作。

二、女性的 15 大阅读标签

今日头条上，女性用户关注的阅读标签排名与男性用户关注的阅读标签排名有着很大的不同。女性用户阅读标签的排名为：娱乐、社会、时尚、育儿、健康、本地、情感、美食、家居、养生、段子、世界、奇葩、历史、时政。具体占比如图 3-2 所示。

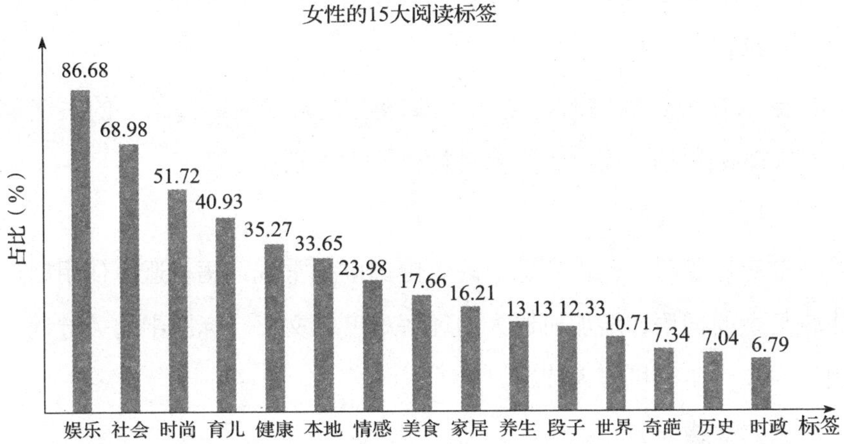

图 3-2

越热门的标签，得到平台推荐的机会越大，也会吸引更多用户来点击阅读。创作者可针对目标群体的性别，进行不同的内容创作，争取获得更多的用户关注。

第二节　标题：获取高推荐的套路

标题，是一篇文章的点睛之笔。用户在今日头条上浏览文章时，首先看到的便是标题。取一个好的标题，可以为文章带来更多的推荐和点击量。什么样的标题，才能获得更多平台推荐呢？

一、被头条平台机器识别

今日头条的机器人系统越来越智能，创作者提交文章后，首先会被机器人提取文章的标题、内容等有效信息，进行类型判定，然后推荐给对文章类型感兴趣的用户。因此，创作者拟定的标题一定要容易被平台的机器人识别。

那么，怎样拟定文章标题才更加容易被机器人识别呢？

1. 关键词

机器人在识别标题时，会先提取标题的关键词。标题中的关键词准确、与文章主题相关度高，越容易被机器人识别。

2. 使用常规词语

在拟定标题时，创作者选取的关键词应为常规词语，避免使用口语化或比较复杂的词语，增加机器人的理解难度。文章、标题中的关键词，尽量用词规范，便于机器人读取。

3. 避免敏感词

若是标题含有敏感词或者是不能被机器人理解的字符，会被机器人拦截。比如，出现下面几种情况。

（1）标题含有错别字或者不通顺，如标题中的关键词为“邂逅”，结果创作者写成了“解逅”，这样明显的错误，无法别机器人识别。

（2）标题中含有奇怪的字符，如√、※、∮、㊣……这些特殊字符都不能被机器人识别。

（3）若是标题全部为英文或繁体字，也不能被机器人识别，同时也会增加用户的阅读困难。创作者不可一味追求个性，变换字体。

（4）标题中若是含有政治敏感词、敏感人物、事件，或者与“头条”相关的词等，会在第一时间被机器人拦截，例如“天朝”“棒子”“头条推荐”等。

文章只有容易被机器人识别，才能获得更多的推荐机会。因此，创作者一定要遵守今日头条文章的取标题规范，使文章尽快通过机器人的审核，成功发表到平台上，更快获取收益。

二、吸引用户点击阅读

用户在今日头条网页浏览文章时，第一眼看到的便是标题。若是文章的标题枯燥、无趣，用户不会点击文章阅读。

在创作文章时，创作者想要得到高点击率，先要为文章起一个用户感兴趣的标题。什么样的标题才能引起用户的阅读兴趣呢？

1. 与用户相关

文章的核心是用户，因此，在拟定标题前，创作者先要确定文章面向的目标群体是谁，然后根据目标群体的兴趣去选取标题的关键词。比如，如果文章的目标群体是上班族，他们常会对公积金的问题感兴趣，关键词就是“公积金”。创作者可以将标题拟定为“2019 年公积金出台新规定，这 3 类人公积金将上涨”。标题的内容与用户的切身利益相关，用户看到便会有点击的冲动。

2. 打破用户常规认知

用户通常会对一些颠覆自己认知的内容感兴趣，而对一些常规内容无感。创作者在为文章取标题时，可以打破常规，反其道而行。拟定的标题，能引起读者的好奇心，进而产生点击欲望。比如，创作者为文章取的标题为“上班族努力工作才能赚钱”这种常规标题，是无法引起读者的阅读兴趣的。若是将标题改为“无需上班，轻松赚取高工资”，这样的标题打破了用户的常规认知，非常能够激起用户的阅读兴趣。

3. 引发好奇心

在标题中制造悬念，引发用户的好奇心，激发用户的阅读兴趣。例如，“考上北大的他，竟然回村养猪了”“他年薪百万，拥有这样的好习惯”……用户看到这样的标题，便会产生求知欲，进而点击阅读。

4. 引起共鸣

针对目标群体的需求点，在标题中讲出用户的内心需求，就能引起他们的共鸣，进而点击阅读。例如，有一个走路赚佣金的软件想要吸引用户的关注，写推广文章时，拟定的标题为“走路，让你一月多赚 3000 元”，看到这样的标题，对于那些工资不够花，想要多赚外快的上班族而言，非常能够引起他们的兴趣，进而点击阅读文章，并且下载软件体验。

拥有一个出彩的标题，对于文章而言非常重要，创作者写文章前，不妨先建立一个标题库，对各种比较受欢迎的标题类型进行整理。每次拟定标题前，先打开标题库看看受欢迎的标题是如何拟定的，再进行标题的创作。

三、爆款标题模板

若是创作者熟知爆款标题的模板，就可以根据模板为文章取一个精彩的标题。爆款标题模板都有哪些？下面我们具体来看一下。

1. 数字型标题

人们对数字是十分敏感的，且相对于文字，明确的数据更有说服力。在标题中运用数字，可以在第一时间吸引用户的眼球。写数字型标题时，创作者可以适当夸张一些，颠覆用户的固有认知，引起他们的好奇心。例如，《在职场上做对这 5 点，马上升职加薪》《微信这 13 个功能，帮你检验男朋友是不是渣男》……为了避免被平台判定为“标题党”，创作者拟定的数字型标题在文章中需要给出明确的事实依据。

2. 对比型标题

分析众多爆款标题发现，对比型标题有着很高的出现频率，在标题中设置两个对立面事件，形成强烈的落差和冲击力。例如，《你在国外买 SK2，老外却在中国抢大宝》，SK2 是知名大牌护肤品，大宝是知名国产平价护肤品，价格更是天差地别。将大宝和SK2放在一起比较，为用户制造了强烈的对比，吸引用户快速点开阅读，探究事情的全部起因。

在拟定对比型标题时，创作者可以运用“一边……一边……”的句式，比如《你一边向往来一场说走就走的旅行，一边为了生活奔波》，用“一边……一边……”将两个冲突的事件放在一起对比，引起用户的阅读兴趣。

3. 热词型标题

熟练将网络上的热词、热门事件运用到标题中，并对热词、热点事件、热门电影进行改编，能够起到让人意想不到的好效果。例如，去年上映的热门电影《哪吒之魔童降世》有很大的话题度，创作者就可以利用这部电影来拟定标题《哪吒告诉我们，世界不是只有黑与白》。看过电影的用户，在看到这样的文章标题，会想点击阅读文章来印证自己看完电影后的想法。没看过电影的用户，也会想要点进去看看这部电影讲得究竟是什么。灵活地在标题运用热词、热点事件和热门电影，可以为文章吸引大量的点击量。

4. 疑问型标题

对于同一个问题，每个人都会有不同的答案。在标题中提出疑问，引起用户的兴趣，吸引他们点击文章，在文章中寻找答案，不失为吸引用户点击阅读的一大利器。比如，《为什么现在的女生都不想结婚?》《直男的想法有多可爱?》……类似这样的标题，可以引起用户的阅读兴趣。

5. 对话型标题

对话型标题，一般前半句为较为常见的句式，后半句则对前半句进行有力的否定，例如《钱是万能的吗? 不是》《他小你不能让着点儿吗? 不能》……类似这样有趣的对话，运用到标题中，可以产生意想不到的好效果。

6. 俗语型标题

对生活中人们耳熟能详的俗语进行改变，将其放到标题中，形成金句式标题。既幽默，又能引起用户的注意。例如《你若安好，便是晴天霹雳》《说好一起到白头，你却偷偷焗了油》……像这种句式的标题，看着就非常有趣。

想要取一个好标题，创作者可以根据文章内容套用爆款标题模板，选取一个最精彩的，提高文章的点击量。

四、双标题的作用

2016 年，今日头条开放了双标题功能。双标题，即可以为同一条内容，起两个标题。在今日头条上，多一个标题，可以让文章多一次被用户选择的机会，提高点击量。在平台推荐的过程中，点击量高的标题会被优先推荐，点击量低的标题则会被淘汰。双标题避免了创作者因错失好标题导致内容点击量不高的情况出现，保证创作者能获取更大的利益。

(一) 开通双标题的条件

1. 账号已经开通了“原创”声明。

2. 账号的粉丝数量达到 2000 以上且头条号指数在 300 以上。

若是账号满足这两个条件，创作者便可以在头条号后台申请开通“双标题”功能。

(二) 双标题使用方法

第一步：选择手动发文、图集、视频，创作者编辑完正文后，在页面下面的选项中首先选择“声明原创”功能。

第二步：勾选“声明原创”选项后，在页面下方会出现“双标题 (双封面) 选项，创作者可以拟定一个新的标题。

第三步：双标题创走完成后，点击“提交”发表即可。

创作者想要查看内容双标题的效果，可以在登陆头条号后台，点击“今日头条”下的“内容管理”选项，查看两个不同标题的推荐和阅读数据，如图 3-3 所示。

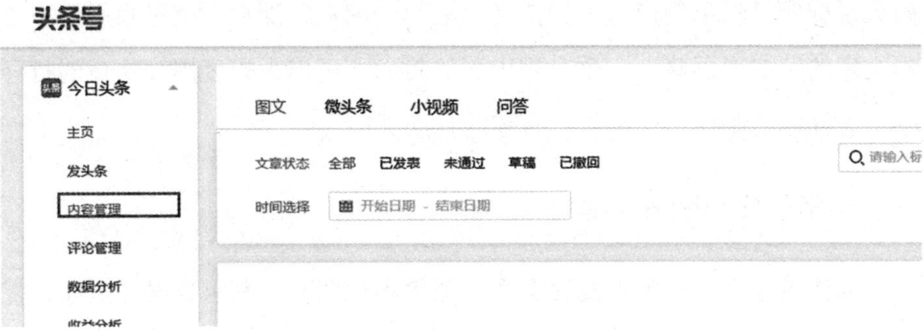

图 3-3

(三) 双标题使用技巧

想要运用好“双标题”功能，创作者可以注意下面两个技巧。

1. 分析兴趣关键词

不同的用户的兴趣点也不同，创作者拟定双标题时，可以分析目标群体的兴趣点，确定两个不同的用户兴趣关键词，根据此来创作标题。今日头条通过标题中的关键词，可对内容进行更加准确分类和推荐，提高内容的点击量。

2. 标题风格差异

创作者拟定标题时，可以从两个不同的风格入手，两个标题形成差异，当用户对第一个标题不感兴趣时，看到完成不同的第二个标题，可能会产生点击阅读的欲望。

善于使用今日头条的双标题功能，为内容拟定两个不同风格但是同样出彩的标题，可以让文章双方面获取平台的数据。最后，创作者可以选择一个最优标题着重推荐，让收益最大化。

第三节　封面：决定文章的打开率

今日头条网页上，用户第一时间看到的除了标题之外，就是封面了。

如果说标题是吸引用户点击阅读文章的第一因素，那封面就是吸引用户点击文章的第二道屏障。一个有趣出彩的封面，可以大幅度提高文章的打开率。怎样才能制作一个优质、有趣的封面呢?

一、头条优质封面 6 要素

创作者在今日头条上发表文章、图集和视频时，都需要设计封面，操作步骤如下。

第一步：创作者完成正文、图集和视频创作后，在页面下方有“扩展链接”“封面”等选项。在“封面”一栏中，有“单图”“三图”和“自动”三个选项，如图 3-4 所示。单图，即封面可上传一张图；三图，即封面可上传三张图；自动，则是无需创作者上传封面图，系统会自动从正文中随机挑选一张图片作为封面图进行展示。

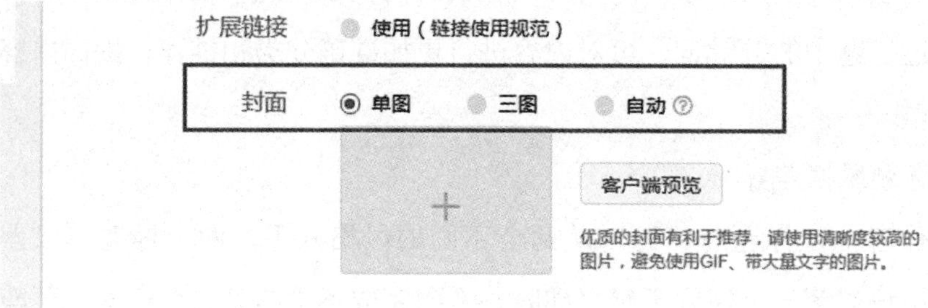

图 3-4

第二步：上传封面结束后，创作者可点击“客户端预览”选项，进行封面和标题预览。若觉得不合适，创作者可返回继续调整。

想要设计出一个优质的封面，创作者需要注意下面 6 个要素。

1. 尺寸

当创作者上传的图片不符合头条规定时，头条会对图片进行自动裁剪，裁剪后保留的部分默认为中间图片。系统截取的图片，可能会让用户觉得不和谐，比如将图片中人物的脸放大。若是上传的图片尺寸没有这么准确，创作者也可以进行手动裁剪。

2. 图文交互

有一些头条内容会使用单纯的图片作为封面，会显得有些单调。若是在图片中加入文字，图文结合，不仅可以突出焦点，吸引用户的眼球，而且还可以增强视觉效果。当然，有些内容单纯的图片即可满足用户需求，创作者可根据文章内容进行选择。

3. 统一风格

在设计头条封面时，想要让图片看起来协调，封面图片的选色、人物、景物都统一协调。同时，封面是为了对标题和文章内容进行进一步说明，要与标题、内容相呼应，不能产生冲突。比如，标题和文章内容讲的是美食相关的内容，却用了一张化妆品作为封面，风马牛不相及，既得不到平台推荐，也会让用户觉得文章不值得阅读。

4. 增加代入感

今日头条上的封面多为方形图，封面比例为 16∶9 能够得到最好的延展效果，能够更好地展示图片的故事性，增加用户的代入感。创作者在设计封面图片时，尽量按照这个比例设计。

5. 使用名人头像，增加辨识度

在创作内容时，创作者可根据文章的内容选择合适的名人头像作为封面，更能吸引用户的关注。研究表明，人们对知名的人或事更加感兴趣。比如，文章的内容与淘宝有关，创作者便可以用“马云”的图片作为封面，更有吸引力和说服力。使用当下的热点人物或事件图片，帮助用户更精准地定位内容关键信息。

6. 专业工具

若是创作者想要自己设计一个优质封面，不妨使用专业设计软件，如 PS。这样设计出来的图片更清晰，更有质感。学习一些 PS 相关知识，可以帮助创作者更好地运营头条号。

一个优质的封面，可以获得用户的好感，增加点击量，进而增加平台的推荐，创作者一定要重视。

二、推荐低的封面问题一览

为什么在今日头条上，有的文章或视频的推荐量很高，而有的推荐量却很低呢？原因有很多，封面是其中一个重要的因素。有时候，创作者的文章或视频非常好，但是封面有问题，同样也得不到平台的推荐。一般而言，推荐低的封面常存在下面几个问题。

1. 图片不完整、清晰

今日头条要求封面必须完整、清晰，若是上传模糊的截图或图片，被平台检测出来，将不会分配流量。而且，模糊的封面，也是对读者的敷衍，读者不会产生点击阅读或观看的欲望。封面也不可出现黑框和模糊的边框，这样的图片也得不到平台推荐。

2. 与正文无关

封面的图片内容一定要与标题和正文相关，不能为了吸引用户放一张哗众取宠的图片。若是封面与正文没有任何相关性，不仅无法获得平台推荐，而且可能根本不能通过审核。

3. 含有广告

今日头条要求封面、标题和内容不能含有任何广告信息和恶意营销推广的内容，比如健康医疗广告、股票、投资咨询等信息。若是含有这些信息，则无法通过平台的审核，更无法获得平台的推荐。

4. 含有个人信息

有一些创作者为了提高转化率或者引流效果，会在封面中添加自己的二维码、微信、QQ、电话、微博等个人联系方式，一旦封面中出现个人信息，将得不到平台推荐。

5. 无封面

有一些创作者不设置封面，这样就会让标题看起来很单调，无法引起用户的注意，也得不到平台的推荐。封面可以选择一张或三张图片，若创作者选择的是三张图片，最好选择三张不同的图片为封面，三张重复的图片为封面没有任何意义，也不美观。

6. 含有敏感信息

今日头条严格规定，含有敏感信息的封面不予通过审核，比如违反国家法律法规的、低俗的、暴力的，还有带有“头条”相关信息的封面，都不能通过审核。

在设计封面时，为了获得更多平台推荐，创作者要严格遵守平台要求，不要一味地为了吸引用户眼球而违反平台规定。若因封面含有违规信息，账号被平台扣分，那就得不偿失了。

第四节　结构：富有逻辑和引导

一篇爆款文章的结构是富有逻辑的，从开头到中间再到结尾部分，一步步引导用户进行深入阅读。如何打造一篇吸引人的文章？创作者可以从下面 6 个方面入手。

一、激发阅读欲望的 7 个开头

若说标题能够影响文章的点击率，那一个精彩的开头就是吸引用户阅读文章、提高读完率的重要法宝。读完率越高，文章获得平台推荐的机会越多。一个精彩的开头，可以激发用户的阅读欲望，将注意力转移到深入阅读中。那么，创作者该如何打造一个精彩的开头呢？可以从下面 7 个开头模板中汲取经验。

1. 与“我”有关的开头

用户最关心的往往是与自己有关的内容，在头条上浏览众多文章时，用户会快速筛选与自己密切相关的内容，而忽略那些与自己无关的内容。所以，创作者需要在开头就点出用户的兴趣点，让他认为这篇文章与自己相关。那么，用户就会继续阅读下去。

2. 开门见山

开门见山，即在文章的开头直接表明观点或讲述文章内容，以引人入胜的情节吸引用户的注意力，让他们快速沉浸入文章中。开门见山式的开头，十分适合当下碎片化阅读时代。用户无需浪费时间和精力去阅读一篇可能他们根本不喜欢的文章。开门见山式开头的文章，简洁不啰嗦，文章在一开始就清楚地告诉用户它讲的是什么，节省了用户的阅读时间，非常受用户欢迎。

3. 直击痛点

直击用户痛点的开头，最能引起用户的兴趣。用户在阅读文章开头时，发现文章非常符合他们的需求，能够解决他们的问题，就是进行深入阅读。比如，创作者在开头针对某一问题提出建议或解决方法。

4. 短小精悍

有的文章为了将事情讲清楚，开头写得特别详细，显得非常繁琐。用户没有那么多的耐心，去看一个没有重点的开头。所以，如果文章比较长，创作者又想在开头快速交代清楚文章的重点，不妨先对文章的核心内容进行简单地总结，用寥寥几句话，打好文章内容的框架，方便用户阅读。

5. 故事取胜

生动的故事，最能够吸引人们的注意力，这种吸引力完全不分性别和年龄。用简单的几句话，描述出整个故事的精髓，依然是吸引用户最有效的方式。在开头讲故事方式更多的是运用在情感类文章中，比如“我走路带风”“不二大叔”等知名大V的文章多采用这种方式。

6. 设置悬念

在开头设置悬念，让用户心中产生疑问，激起他们的好奇心，就能将用户的注意力转移到文章上，用开头吸引用户读完整篇文章。创作者在设置悬念式开头时，若是无法掌握，可找一些悬念式开头爆文来学习一下，比如《的反是章文篇这》(请倒过来念)。

7. 新闻或热点事件举例

以当下的热点新闻或事件为开头，将新闻或事件的热度转移到文章中，也是一个吸引用户的好方法。通过热点新闻或事件，在开头引出自己的观点，也更容易被用户接受。不过，这种方式的开头，创作者一定要注意时效性。如果用很久之前的新闻为开头，可能不会产生效果。

开头，是用户阅读文章时看到的第一个内容。开头枯燥、无趣，便会让用户对整篇文章都形成一个枯燥、无趣的印象，进而退出阅读。这样就会导致文章的读完率很低，而点击量很高，可能会被平台判定为“标题党”，从而对账号进行扣分处罚。所以，创作文章时，创作者一定要写一个好的开头。

二、简短通俗，好的论证要读起来不累

在碎片化的阅读时代，用户没有耐心去看一篇辞藻华丽、长篇大论、读了一半还不知道说什么的文章。这样的文章读起来很累，用户无法从阅读中获得快感和轻松感，而且观点混乱，让人不知所云。

纵观今日头条上的文章，我们可以发现，它们的篇幅几乎都不长，在500—700字之间，除非有特殊要求，否则最长的文章也不会超过1200字。篇幅适中的文章并不会讲不清楚重点，反而有理有据，论点明确。用户在阅读时，可以轻松理解创作者通过文章传递出来的观点，在轻松愉悦的阅读氛围中增长知识。

有的创作者为了流量，为了吸引用户的关注，不论是否正确、真实的论据都引入文章中，甚至堆积大量不真实或哗众取宠的案例来吸引用户的注意，输出不正确的观点，这无疑让文章落入了低俗。那么，创作者怎样才能让写出一篇简单通俗，论证精彩的文章呢？可以参考下面的创作过程。

1. 搜集素材

创作一篇通俗易懂、精彩绝伦的文章，创作者必须积累大量的素材，通过精彩的素材来引导自己的观点。所以，在写文章之前，创作者不妨进行相关素材的收集。这些素材可以是图片、资料、经典案例、论点、数据、小故事等，用来作为观点的论据。创作者搜集素材时，可以将网络、书籍、图书馆、数据库等作为素材来源。

2. 拟定大纲

写文章时，若没有拟定提纲，提笔就写，文思泉涌时很可能会超过原定字数，显得啰嗦。因此，创作者写文章前，可以先拟定一个大纲，然后按照大纲来进行创作。这样创作出来的文章逻辑清晰，更有条理。

3. 写文时用经典的论证

写文章，不能什么样的素材都随意堆积上去，显得臃肿。创作者围绕主题展开论述时，尽量选取经典、合题的论证，让用户看到时，产生的“确如此”的感觉。这样，文章才能切实地打动用户，吸引他们读完。

文章字数少，并不意味着内容不够充实，好的论证不仅能让文章看起来更有阅读性，而且还能增加用户阅读的趣味感，让阅读变得更加轻松。创作者写文章时要注意的是，不要大段地写文章，尽量将文章分成小段，并且善用短句，既方便阅读，又会让文章看起来更加美观。

三、穿插故事，制造共鸣

如何写出一篇吸引人的文章？是困扰很多创作者的问题。解决办法其实很简单，那就是引起用户的共鸣，让用户在阅读文章时，产生代入感。怎样才能让用户产生代入感，那就是在文章中穿插故事。

一个简单的小故事，能够为用户营造出身临其境的画面感。当用户感同身受了，自然就会将全部的注意力转移到文章中。

同样是在文章中穿插故事，为什么有的文章读完率很高，而有的文章读完率却很低呢？这就在于有的创作者可以将文章的论述和故事巧妙地结合在一起，而有的文章中的故事却显得非常生硬，用户阅读时产生违和之感。在文章中穿插故事是非常讲究技巧的，这样才能让用户看得舒适。下面我们来具体看一下。

1. 巧妙插入

如果将故事生搬硬套到文章中，不考虑承上启下，故事就会显得突兀。因此，在写文章时，创作者需要顺着文章的脉络，自然地过渡到故事身上。比如，文章在前面阐述了一个观点，需要一个案例来论证这个观点，创作者便可以写一个或找一个符合这个观点的故事，顺其自然地接上去，既能进一步论证观点，又可以引起读者的兴趣。

2. 插入典故

古往今来，很多典故都是由人们的整理流传下来的，如果典故可以充分论证某个观点，那么创作者直接拿过来用。例如，创作者在阐述某个道理时，恰好和某一个典故阐述的道理一样，那创作者便可以用自己的语言将典故娓娓道来，用更加精炼的语言来描述典故中的内容情节，使文章变得更加有说服性。

3. 情感表达

在文章中插入故事时，创作者要注意情绪的表达。以情引入，有时候更能够引起用户的共鸣。故事中的情节描述，有时候也是一种情感的宣泄，创作者可以根据目标用户的需求和思想，思考他们的心理诉求和内心情感，从用户的角度去写故事，才能让用户感同身受，进而深度阅读文章。

一个好的故事，可以让文章变得更加有阅读性；一个好的故事，也可以留住更多的用户。创作者撰写文章时，可以先搜集一些符合文章主题的精彩故事，在需要时有技巧地插入到文章中，可能会获得意想不到的效果。

四、风格，能用图的就不用文字

在今日头条上浏览内容时，可以发现几乎所有的创作者都会给文章配图，有的文章甚至全是由图片组成的，仅有几句话说明，而这样的文章在今日头条上的推荐和点击量都不少。

人是视觉动物，相对于长篇大论的文章，人们更喜欢看表达直观、色彩鲜艳的图片。从进化的角度理解，人类用眼睛看的能力比学习文字表达的能力要早很多，这意味着人类接收图片信息的效率要比接收文字信息的效率高很多。

创作者发表文章时，如果能用几张图片说明的事情，就不需要去长篇大论。在当下快节奏的生活中，很多用户都是在碎片化的时间里浏览今日头条。阅读一篇纯文字的文章，可能会比阅读一篇图文并茂或者图多字少的文章，多花费两到三倍的时间。除非你的文章写得特别好，特别吸引人，否则用户是不愿意在此浪费时间的。

图文文章有两种形式：一种是文字多，图少，图片起到进一步说明的作用；另一种是图多字少，图片为主体，讲述事情发展经过，文字进一步说明。两种不同的方式，操作方法相同，我们来具体看一下。

第一步：创作者登陆头条号后台，点击“发头条”选择“文章”，便可以进行文章的编写了。

第二步：在编写文章前创作者可以先将文章需要的图片搜集保存好，在需要时直接点击“插入图片”按钮，将图片插入到合适的位置即可，如图 3-5 所示。

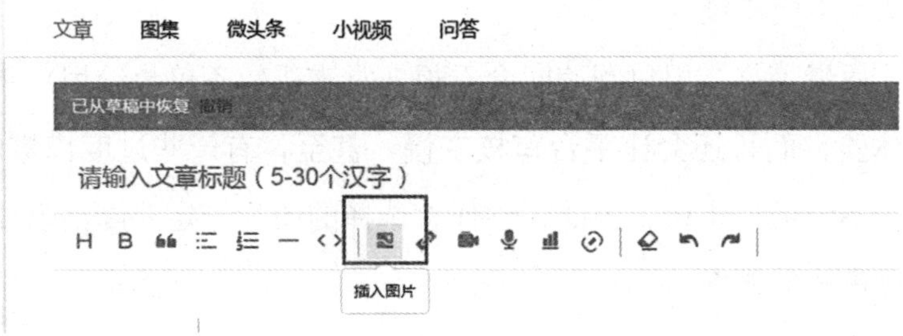

图 3-5

第三步：点击“插入图片”按钮，页面上会弹出一个窗口，若是创作者已经搜集好图片，便可以点击上传图片中的“选择图片”将图片上传，如图 3-6 所示。若是没有搜集图片，创作者也可以从“免费正版图片”“精选专题”“国风图库”“素材库”选项中，选择合适的图片插入。注意，平台提示创作者选择的图片单张大小不可以超过 5M。

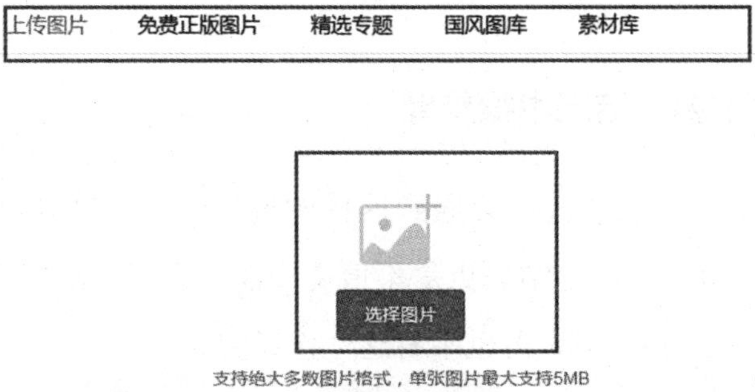

图 3-6

为文章配图时，创作者需要注意下面几点。

1. 图片不要重复

若是文章的图片与其他文章重复，很可能无法通过平台的审核，即使通过审核，一旦被平台检测出来，也无法获得平台的推荐。这一点，创作者一定要注意。创作者可以多预备图片平台，或者自己设计图片，减少重复率，增加原创度。

2. 图片不要模糊

图片质量不高，用户阅读时会看得非常难受，不仅会给用户带来较差的阅读体验，而且还会让平台审核变慢。甚至，有一些过度模糊的图片，平台直接不予通过审核。因此，创作者选择的图片一定要高清晰度，增加文章通过审核的概率。

3. 图片要完整

一般而言，一篇文章最少放置 3 张图片，这样既能获得比价美观的视觉效果，又能增强说服力。创作者可以插入 3—5 张图片，不要低于 3 张图片。其次，图片的整体构图要完整，比如图片是一个人物，不要只有半边身子，这种残缺的图片十分不利于用户阅读和平台审核。

善于利用图片进行文章创作，是符合今日头条规范的，也是当下今日头条文章的编写趋势，创作者若是能用图片表达，就避免书写大量的文字，方便用户阅读。

五、开头很重要，结尾也很重要

阅读文章时，很多人都会遇到这样的情况：一篇文章的开头非常精彩，越往后情节越平淡，结尾更是不值得阅读。人们经常把这种情况称之为“烂尾”，并且心中决定再也不看这个作者的文章。

对于一篇文章，开头很重要，承担着吸引用户的重任，结尾同样也非常重要。一个精彩的结尾，是对文章的负责，为一篇文章画上完美的句号；是对用户的负责，符合用户阅读文章时的期待。而且，今日头条上文章的结尾不仅是对整篇文章的总结，也承担着与用户沟通的重任。如，引导用户购买产品、进行文章收藏、关注账号等。

如何充分发挥结尾的作用？创作者可以使用下面几个方法。

1. 引导转发和关注

在文章结尾，创作者除了对文章做出总结外，还可以添加一些引导性的语句，比如“若是喜欢，请关注”“若是喜欢文章，请动一动手指转发一下”等，让用户自愿去转发文章，被更多人看到，创作者就可以获取更多的收益。

2. 关联其他文章

结尾还有一个作用就是关联其他文章，如在文章的结尾放上其他文章的标题链接，引导阅读该文章的用户去点击阅读其他文章，达到推广自己的目的。当然，这种方式有一定的风险，若是推广的标题与该文章毫无关系，就会显得很生硬，引起用户的逆反心理，创作者一定要慎重使用。

3. 引导评论

今日头条上，评论的用户评论的数量同样会影响文章的推荐量。若是在文章的结尾，创作者可以引导用户积极参与文章评论，提高文章的热度，让文章获得更多的推荐机会。比如，创作者可以写这样一句话：“若对文章的观点有任何看法，欢迎留言讨论。”对于用户在文章下面的评论，创作者可以积极回复，增加用户的参与感。

一篇精彩的文章，通常拥有一个完美的逻辑结构，让用户读下来可以产生酣畅淋漓之感。这需要创作者在文章的每个细节上下功夫，只有做好每个细节，才能收获越来越多的粉丝。

第五节　内容：头条文章的内容特色

爆款文章，内容才是留住用户的关键。今日头条上的创作者越来越多，文章也如过江之鲫，多不胜数。文章想要从中脱颖而出，内容必须拥有自己的特色，这需要创作者熟练掌握编写爆文内容的技巧。我们分析了今日头条上的众多爆款文章，发现它们通常都有下面几个特点。

一、蹭热点

向热点借势，是很多创作者写文章的手段之一。蹭好热点可以将热点事件的一部分热度转移到文章上，比如在“高铁霸座”事件登上热搜后，很多创作者快速发布了和“高铁霸座”相关的文章，吸引更多用户点击阅读。

创作者利用热点来写文章，是一种比较省力的方式，因为文章的核心已经给出了，就是热点事件。创作者需要做的就是对核心时间进行延展，例如，《从“高铁霸座”事件中，我们需要反思什么?》。

当然，蹭热点也是有一定风险的，创作者需要对热点事件有一定的辨别能力，明确哪些热点可以蹭，哪些热点坚决避开。那么，创作者如何才能蹭好热点呢？下面我们讲解几个蹭热点事件的技巧。

1. 时效性

蹭热点是十分讲究实效的，需要创作者对热点事件拥有很高的敏感度，能够在热点事件出现的第一时间就发布文章，将蹭到的热度最大化。若是距离热点事件的发生已经过去一天了，那创作者还是等待下一个热点吧。

2. 热点分析

蹭热点不是盲目的，当热点事件出现后，创作者需要第一时间分析该热点事件的受众、热度、话题度和与自己领域的相关度等信息。若是该热点与自己的领域（产品）毫无关联，即使创作者发表了文章，也只是做了热点事件的传播者，加深用户对热点事件的印象，无法让用户记住自己的产品。

3. 热点切入

创作者找好热点后，需要根据热点分析文章的切入角度，就是如何将自己的产品（观点）与热点事件完美地融合到一起，利用热点事件吸引用户的注意力，并且自然地将用户的注意力过渡到文章中。蹭热点，简单而言就是借势营销，若是切入点不准确，毫不相关，难以获得用户的认同。想要找准文章的切入点，创作者先要分析领域（产品）与热点事件的相关点，从关联点入手，利用热点事件引出自己的观点。

4. 蹭热点常见误区

创作者利用热点写文章时，经常会进入误区，没能发挥热点的真正作用。下面，我们列举了一些常见的蹭热点误区，可以为创作者带来帮助。

①为借势而借势

即使热点事件和自己毫无关联，也强行借势，但是对自己的账号运营没有任何帮助。

②忽略事实

只为了追求热点事件的时效，创作者对热点的真实性不经过了解就写文章，有时候会因歪曲事实而受到用户的抨击。

③强加个人观点

在借势热点的过程中，不尊重事实强加个人观点，带有强烈的个人倾向，可能会为自己引来麻烦。

④敏感话题

和国家、伦理道德等有关的热点，即使热度很高，创作者一定不要蹭，以免被封号。

若是不会蹭热点，创作者可以向某些厉害的营销账号学习，如杜蕾斯、二更食堂等，观察他们是如何向热点借势的，以此来提高自己的蹭热点技巧。今日头条上开通了“热词分析”功能，创作者粉丝数超过 3000，头条号指数达到 450 以上，开通了原创功能即可申请，该功能可以帮助创作者即使抓住热点。

二、低门槛

今日头条的流量大，但是写文章的门槛却很低，只要创作者的文章富含个人特色，没有任何敏感信息和违规之处，都可以在今日头条上成功发表，并且获得平台的推荐。今日头条降低创作者的门槛，就是为了鼓励创作者多创作，丰富平台内容，留住更多用户。因此创作者可坚持在今日头条上发表文章，在初期没有流量的时候，不要轻言放弃。当账号形成了自己的发文规律，就能得到平台的推荐，让更多用户看到。

三、高共鸣

能让用户产生共鸣的文章，一般热度都不会低。为什么那么多的用户都喜欢在今日头条上浏览文章？究其原因，就是今日头条上的文章能够引起用户的共鸣。

分析今日头条上的文章，可以发现大多数文章都有以下这几个特点。

1. 情绪表达

文章的字里行间都充斥着创作者的情绪和观点，用户在阅读时，很容易被引起情绪波动。

2. 用户认同

不论是哪个领域，创作者编写文章时，都会在文章中做好用户身份认同的工作，让用户在阅读这篇文章时，就觉得文章是为自己写的，从而产生共鸣。

3. 有话题

文章具有话题性，用户在阅读文章时，会参与讨论中，无形中增加用户代入感，与文章产生共鸣。

4. 满足需求

很多创作者在写文章时，会先分析目标群体的需求，然后根据目标群体的需求创作文章，解决目标用户的问题，更能够提高他们对文章的认同感。

在今日头条上，爆款文章除了专业理论类的外，点击量高的就是能够引起用户共鸣的。创作者想要提高文章的阅读量，不妨从引起用户共鸣这一角度出发编写文章。

四、有新意

在今日头条平台上，同一类型的文章成千上万篇，用户很容易产生审美疲劳。而且，今日头条的推荐机制就是向用户推荐其感兴趣的内容，这些内容就很容易撞车，从而让用户失去阅读的兴趣。

创作者写的文章若是和平台的其他文章类似，是无法得到更多平台推荐的，这就意味着创作者在写文章时，必须有新的创意。这样，才能吸引更多用户阅读文章。

越有新意的文章，在头条平台上越受欢迎，同样的竞争者少，平台为了满足用户的阅读需求，只能选择推荐你的文章。因此，在创作文章时，可以选择自己擅长但不是太热门的领域，或者从热门领域的不同角度寻找灵感，写出让用户耳目一新的文章。

五、坚持原创

不论哪个自媒体平台，都喜欢原创作者，原创的内容可以获得更多的推荐。今日头条平台推出了一系列计划，鼓励创作者原创文章、视频等，如青云计划、原创签约等。并且，为了鼓励创作者原创，今日头条还开通了“原创”功能。只要创作者坚持发表原创内容超过 10 篇，粉丝数量达到 5000 个，注册时间超过 30 天，即可申请。

申请通过的作者，发表的文章上都会带有“原创”图标，平台会给原创文章分配更多的流量，让更多用户看见。用户点击阅读得多了，创作者就可以获取更多收益。

优质的原创内容还可以和平台签约，享受平台分成。而那些靠着搬运、抄袭其他平台内容的创作者，不仅无法获得平台推荐，还面临着被封号的风险。

在今日头条上发表文章时，创作者一定要坚持原创。或许，在初期，因为创作者是新手，写的内容并不成熟，没有多少点击量。但是，坚持原创，可以获得机器人的好感，从而给文章分配更多流量，这对头条账号的长期运营十分有益。创作者不要因为短期的利益，而放弃长久的发展。

第六节　排版：阅读的舒适度就靠它

什么样的文章会成为爆文？标题新颖、内容丰富有趣、排版合理舒适，这是一篇爆款文章的基本要素。创作者在标题、内容上下功夫的同时，也不能忘了文章的排版。一篇文章若是有一个好的排版，可以给用户带来轻松、舒适的阅读体验，才能提高文章的读完率。

一、文字的基础排版

创作者登陆头条号后，点击“发头条”便可以编写文章了，如图 3-7 所示。在编写的过程中，如果创造者不自行排版，只是将文字堆砌在版面上，发表文章后，后台会对文章进行自定义排版，但只会得到一个基础效果，和达到“美观”的程度相差甚大。

对头条文章的文字进行排版，创造者需要从字体和字体大小、颜色搭配、段落等几个方面入手，每个选项都设置好，才能得到一篇排版优美的文章。下面，我们来具体看一下。

1. 字体改变

今日头条文章的字体默认为宋体，大小也默认，这一点创作者无法改变。但是，如果创作者是通过分段写文章，可以将每段的小标题进行加粗，或者选用“ H”按钮，将小标题变为“ H1 标题”，与正文内容区分开。

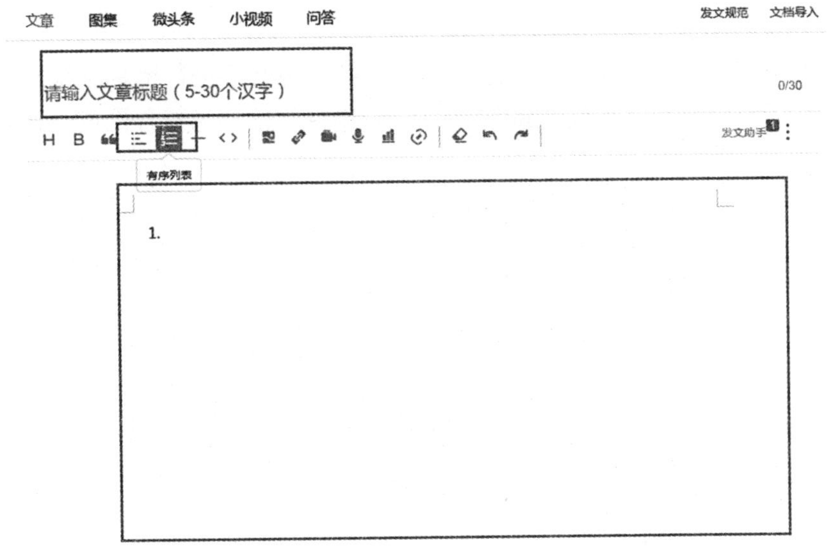

图 3-7

2. 引用

若是想要突出，创作者还可以使用引用符号，改变文字的底色，让用户一眼就能看到。

3. 序列号

若文章需要进行排序，创作者可以点击“有序列表”符号，进行排序。

4. 段落

在碎片化阅读时代，用户没有耐心去阅读大段的文字。创作者可以将文章分成小段，每段不过三五句话。这样用户读起来轻松，还可以拉长文章的篇幅，让内容看起来更丰富。

5. 分隔线

在工具栏中有“—”符号，是分隔线的意思，若是创作者需要用分隔线去解释两个完全不同的东西，可以点击这个符号，方便快捷。

6. 查错

在工具栏的右侧有“⋮”符号，点击就会对文章进行错别字检查，如图 3-8 所示。错别字不仅影响创作者的阅读，而且平台不会推荐错别字多的文章。

图 3-8

做好文字排版工作，让文章变得更加赏心悦目，增加用户对文章的印象分，就可以留住用户。有的要用户甚至会因为文章排版舒服，享受视觉体验而关注创作者。因此，编写文章时，创作者一定要做好文字排版工作。

二、图片的选择和完美融入

据统计数据显示，在今日头条上，图文结合的文章比单纯全是文字的文章点击量更高的。在文章中插入图片，可以当做分隔符，间隔开大段文章，避免用户阅读疲劳。同时，创作者需要注意图片的选择。图文相得益彰，才能得到最好的效果。若是图片和文章内容相冲突，或者图片比文章更加突兀，互相不协调，那就失去了原本插入图片的意义。

如何才能让图片完美融合到文章中？创作者可以从以下四点入手。

1. 图片符合内容

创作者在选择图片时，一定要从文章内容出发，选择能够进一步体现文章内容的图片。不要随便找几张毫无关联、毫无意义的图片放上去，既占地方又不能起到作用。比如，你写的美食类文章，配上三张非常诱人的美食图片，既能吸引用户的眼球，又能突出文章的重点。

2. 图片位置

插入的图片位置很重要，这关系到整篇文章的协调性。只有整体文章排版优美，用户才会愿意读完。插入图片时，创作者注意最好不要将图片放在开头，显得很突兀。图片要承上或启下，起到进一步说明的作用。图片分隔开的文字，段落长短要差不多，才会让文章整体更加协调美观。

3. 根据内容选择图片颜色

图片的颜色对于文章也有很大的影响。例如，文章中的内容讲述的是比较严肃的事情，配图应该选择暗色调或者冷色系，如果创作者选择了暖色系或者比较调皮的图片，破坏了文章的整体风格，难免会让用户觉得违和。

不过，今日头条上的大多是文章是偏轻松娱乐的，用户在今日头条上浏览文章也是为了在休息时间放松一下自己。因此，创作者用暖色系图片比较适合。研究发现，一篇文章中若冷色系图片过多，会的用户产生压抑之感，进而退出阅读。暖色系图片则可以让用户产生如沐春风的视觉效果，更适合用户阅读。

4. 不要放置太多动图

在文章中加入动图，可以增加文章的趣味性，让文章变得更加生动。但是动图一般比较大，很容易拖慢文章的加载速度，而且动图太多，会让文章的版面看着特别凌乱，影响用户阅读。若是有需要，一般一篇文章只需要添加一个动图即可。

虽然插入图片可以让文章变得更加丰富，更有阅读性，但是这也要求创作者可以处理好图片与文字之间的关系。若是插入图片让文章的排版更乱，那创作者就不要插入图片。

三、格式符号要规范

什么样的文章会被今日头条的后台机制拦截？除了含有敏感信息外，还有格式和标点符号错误的文章。

格式错误，即正文不完整、有重复的段落或者是字符之间有空格。若是出现这样的情况，可能无法通过平台审核。

标点符号错误，分为标题标点和正文标点。标点符号，可以起到分隔的作用，让用户阅读更顺畅。标点符号还有引用、说明和强调的作用，比如“?”，就是表达疑问，让用户一目了然。

今日头条的文章，标题是允许出现标点符号的，但有一定的限制。平台明确规定，标题中可以出现的标点符号有：“?”“!”“,”“:”““””“《》”“——”“～”“|”。若是出现其他的标点符号，无法通过审核。

正文中，创作者使用的标点符号，也要合乎规范，如，在标点符号的中英文切换。通常，文章中的标点符号是中文形式的，创作者不要写成英文形式，如“～”和“~”区别。

正确使用标点符号，合理的断句，便于用户理解，带给用户轻松的阅读体验，用户才会愿意继续阅读文章。

四、视觉配色，切忌杂乱

当用户打开一篇配色完美的文章，舒适的视觉效果可以将用户的注意力牢牢地吸引在文章上。文章的配色，可以作为文章的辅助，减轻阅读者的压力。醒目的配色，还可以加强用户对文章合理点的注意，帮助用户更快速地理解文章。

但是，如果配色太多太杂，让用户觉得眼花缭乱，不但无法发挥配色的作用，还会减少用户阅读文章的欲望，进而退出文章。

因此，创作者不论是给文字配色，还是给图片配色，都要把握全局，让整篇文章协调统一，不要为了醒目，滥用颜色。那么，创作者该如何去给文章配色呢?

1. 明确主色调

文章配色并不是随性而起，而是在写文章之前，就需要创作者根据文章内容或推广产品确定整篇文章的主色调，比如，文章是以冷色系还是暖色系为主，这样可以有效地避免在后续撰写文章时，冷暖色系冲突。

2. 确定主辅色

确定好文章色系后，创作者接着便可以确定文章采用哪几个颜色了。通常，一篇文章的颜色不要超过三个。一篇文章只需要一个主色、一个辅助色再加上一个点缀色，即可让整篇文章变得丰富多彩，又不会过于繁乱。

主色，在整篇文章的出镜率要不低于 75%。

辅色，在整篇文章中的占比约为 20%。

点缀色也被称为点睛色，具有营造特色风格，引导用户阅读的作用，在整篇文章中的占比为 5%。

3. 常见色系搭配

下面我们介绍几种文章中常出现的色系搭配，给创作者参考。

①同类色

同类色，即为运用同一个色调，但是饱和度和明亮度不同。在文章中使用此类配色，一般不会出错。若是文章的主基调比较严肃，那创作者就可以使用冷色调，比如黑色、浅黑色、黑灰色等。若文章的主基调是轻松、调皮的，创作者就可以使用比较小清晰的色调，如深蓝、蓝、天蓝、浅蓝等。

②类似色

类似色，即在色轮 90 度角内相邻的颜色，这样的颜色搭配，可以为用户营造一种比较舒适和谐的视觉效果。经常用的配色方法为：红→红橙→橙、黄→黄绿→绿等。这样的配色方式，可以让看起来更加多姿多彩，又不会破坏文章的整体布局。

③对比色

对比色，是在色轮上相距 120 度到 180 度之间的两种完全不同的颜色。在文章中运用对比色，可以为用户营造强烈的视觉冲击，如红色和青色、蓝色与黄色或者绿色与品红色等。创作者要注意的是，虽然这种配色方式非常吸引用户的眼球，但若是没有一定的色彩基础，很容易撞车，配出让人一言难尽的颜色。

用好配色，可以为文章锦上添花，让用户产生极强的视觉冲击力。创作者若是想要吸引更多粉丝，不妨学学文章配色吧。

第四章　视频引流：头条布局流量矩阵

第一节　西瓜视频

西瓜视频，今日头条旗下一款个性化推荐视频平台，用户可以在平台上浏览或上传视频。西瓜视频的智能算法可以精准地为用户推荐其感兴趣的内容，能够让用户在每一次刷新时，都能发现新鲜又符合自己兴趣的短视频内容。那么，创作者应该怎样才能玩转西瓜视频呢？可以从下面几个方面入手。

一、平台特点

了解西瓜视频的平台特点，可以有效地帮助创作者熟悉平台的运营模式，进而快速创作者平台和用户都喜欢的视频，实现变现获取收益。那么，西瓜视频有什么样的特点呢？

1. 平台种类丰富

在西瓜视频平台上，视频种类非常丰富，包括音乐、影视、社会、弄人、游戏、美食、儿童、生活、体育、文化、时尚、科技等十几个种类，完全可以满足用户的不同需求，也为创作者提供了更多的创作机会。

2. 短视频和小视频共存

在众多短视频平台中，如火山小视频、抖音小视频，是以 15 秒的原创视频为主，平台上的大多数短视频的时长都在 15 秒。西瓜视频则不同，它的内容定位则是以 15 分钟内的短视频为主，涵盖了长视频、短视频和超短视频等全部视频生态。不论是喜欢看 15 分钟的长视频还是 15 秒钟的短视频，用户的需求都可以在西瓜视频上得到满足。这样宽泛的市场布局，使得西瓜视频能够获得更稳健的市场发展。

3. PGC 和 UGC 兼顾

PGC，指专业生产内容，它更多的是存在于传统广电业中，创作方式与电视节目类似。但是，在传播内容方面，则必须按照互联网的传播特性进行调整。

UGC，全称为 User Generated Content，即内容生成内容，或者说是用户原创内容。它是一种新的用户使用互联网的方式，原来只能下载和观看视频的用户变成了观看者与创作者，下载和上传并重。用户既可以在平台上观看视频，又可以上传自己创作者的具有个人特色的内容。

西瓜视频的运行方式是 PGC 和 UGC 双管齐下，UGC 担任汇聚民间智慧和能量的重任，PGC 保证西瓜视频的专业稳定生产。二者相互对立又互为统一，促进西瓜视频不断发展。

4. 用户和商业的价值统一

西瓜视频可以为用户创造价值，其本身就具备了商业价值。同时，它还能进行变现，有效地转化商业价值，实现了用户价值和商业价值携手并进的局面。其关键因素就在于，西瓜视频推出了一个名为 CPV 结算的视频广告模式，即当一个视频播放 7 秒后，即可进行收益计算。CPV 结算的视频广告模式，可以最大程度地将用户价值转化为商业价值。

西瓜视频的强大功能，可以满足创作者创作视频内容的需求，而它的强大流量，则可以帮助创作者获取更多粉丝，提高收益。创作者可以多了解一些与西瓜视频相关的内容，做好视频创作前的准备工作。

二、数据分析

对西瓜视频的各项数据进行分析，有助于创作者分析判断，西瓜视频的账号是否适合运营发展。西瓜视频的数据分析包括对用户数量、用户比例、日活跃度、渗透率、用户增长比例等多项数据的分析，下面我们来具体看一下。

(一) 用户数量和渗透率

截止到 2019 年 10 月，西瓜视频的用户数量已经超过了 3 亿，在众多短视频用户数量中排名第三。根据比达咨询发布的《2018 年第一季度中国短视频 APP 产品市场研究报告》中的数据显示，西瓜视频的用户渗透率为 56%，快手短视频的用户渗透率为 55.1%，抖音短视频的用户渗透率为 44.5%。西瓜视频的用户渗透率，在所有短视频软件中排名第一，如图 4-1 所示。

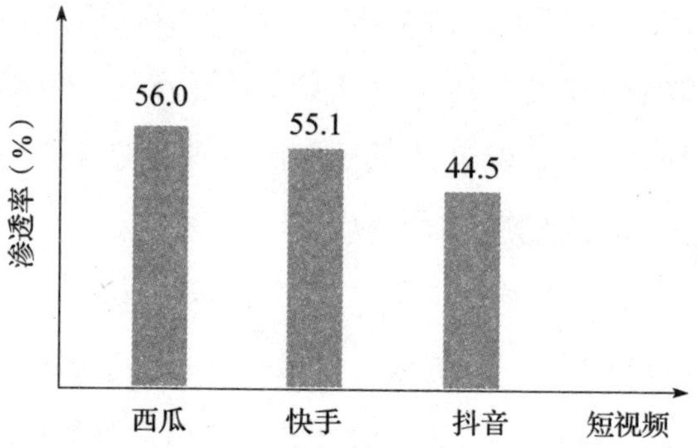

图 4-1

（二）用户活跃度和使用时长

用户的活跃度和使用软件时长，是判断短视频软件是否受用户欢迎的重要因素。根据数据统计发现，用户日平均打开西瓜视频的次数低于火山和抖音小视频，屈居第三位。用户其平均打开西瓜视频的次数为 16 次，打开火山小视频和抖音小视频的次数约为 20 次。

但是，用户使用西瓜视频的时长明显高于其他短视频。用户每天花费在西瓜短视频上的时间约为 75 分钟，火山小视频的使用时长约为 60 分钟，抖音短视频的使用时长约为 27 分钟，如图 4-2 所示。

（三）用户增长比例

同一时间段内，用户的增长速度越快，表明短视频发展的潜力越高。统计数据发现，截止到 2019 年，用户的总体涨幅为 123%，在 6 月份，用户的涨幅达到了一个小高潮，为 205%。西瓜视频的用户中，男性用户明显高于女性用户，男女比例为 6∶4，符合短视频整体的行业发展趋势。

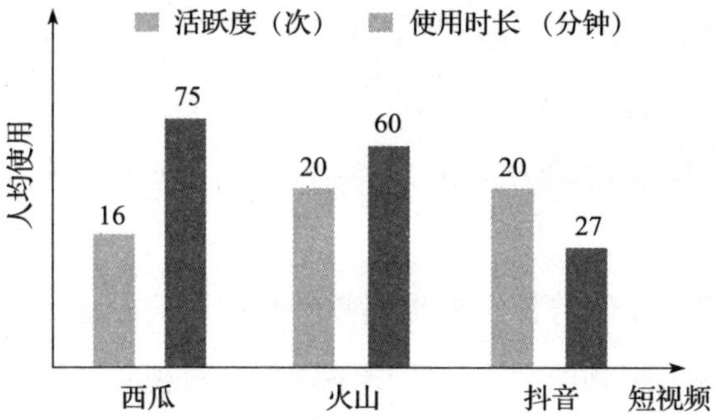

图 4-2

西瓜视频的用户多分布在一二线城市和新一线城市，且用户多在 18 岁到 40 岁之间，其中 40 岁以下的用户占整体用户的 70% 左右。整个用户群体正朝着年轻化、高线化的方向发展。

(四) 用户留存

一个软件，如果用户注册数目很多，但是留存率很少，那这个软件很难发展起来。通过对西瓜视频的周活跃用户分析发现，西瓜视频的平均次留存率高达 81%，远远高于其他短视频软件。随着网络的发展，短视频用户获得了大幅度的增长，西瓜视频的留存率依然高居首位。

通过对西瓜视频的多项数据整合分析，可以发现，西瓜视频是一个比较有发展潜力的短视频软件，而且当下正是短视频领域发展的黄金时期，越来越多的用户涌入到短视频的风潮中。若是创作者想要抓住短视频的风口，不妨从现在开始行动起来。

三、优势分析

西瓜视频作为当下比较受用户欢迎的短视频软件，其本身优势也不容忽视，具体有下面几点。

1. 算法优势

系统算法是短视频软件的核心，若是算法无法承载过多的用户量，很可能造成视频软件彻底瘫痪。西瓜视频是建立在今日头条的基础上发展起来，它与今日头条的APP之间是深度打通的，因此可以有效地借助今日头条的算法模型和数据。今日头条的算法在行业领域内，公认的比较先进。

依托于今日头条的算法，西瓜视频刻画的用户画像更加精准、分发模型也更完善。西瓜视频的首页会根据不同用户对视频的需求而进行视频推荐，这是完全由算法驱动的。得益今日头条算法的强大，西瓜视频不会出现假如用户经常浏览的是美妆类视频，而平台推荐了大量的美食类视频的情况出现。从此可以增加用户对软件的粘度。

2. 以短带长

在生活中，人们为了更高效地利用碎片化时间，在短暂的空闲时间中，更倾向于观看时长比较短的视频。但是，通过对西瓜短视频的用户行为轨迹分析发现，有40%的用户在观看了短视频后，会有意向去观看与短视频相关的完整视频，这就带动了长视频的点击量。

在平台特点中，我们写过西瓜视频是长短视频双管齐下、共同发展的。西瓜视频在多个场景下引导用户从短视频跳转到相对比较完整的长视频中，利用短视频的有趣、高效吸引用户，再利用长视频的专业、丰富提高用户的粘性，“以短带长”，促进西瓜短视频的全面发展。

3. 平衡广告

西瓜视频主要是靠着广告来赚钱，其广告包含开屏广告、信息流广告、品牌红包和风向定位等，通过庞大的用户群体，吸引多个品牌来投入广告，赚取广告费。但是，广告太多，势必会与用户的利益冲突。毕竟，没有任何一个用户喜欢观看视频时，看到一堆广告。

为了平衡用户与客户之间的利益，西瓜视频推出了FTV的计价方式，全称是Feeds True View，视频广告5秒播放计费。即，在5秒的时间内，播放出品牌的卖点，并且通过算法，保证广告触达优质用户，完成广告的有效播放。

FTV 的计价方式，既能保证客户的利益，又不会让用户产生厌烦，使西瓜视频获取长期收益，保持稳定向上的发展，为创作者提供一个稳定有利的发展平台。

4. 高额补贴机制

短视频平台上的内容越丰富，吸引的用户就会越多。因为，为了激励创作者，西瓜视频平台不惜花费重金为创作者制定了高额的补贴机制，只要创作者的内容优质，就能够获得平台补贴。

而且，为了提高优质创作者的归属感，平台还会定期举办西瓜创作者大会，为创作者进行技能培训，并打造了一套比较完整的培训体系，帮助其快速成为平台的专业内容生产者。西瓜视频还推出了“3+X”变现计划，创作者签约平台后，便可享受平台分成，通过用户边看边买和直播等方式，实现商业变现。

西瓜视频有今日头条作为大靠山，未来的发展不可限量，创作者可以文章、内容多方面发展，寻找更多的获益渠道。

四、账号爆粉

账号的粉丝越多，创作者获取的收益就越多。创作者注册了西瓜视频后，先要分析如何做才能使账号快速爆粉。

1. 领域定位

选择一个热门并且擅长的领域进行创作，能够帮助创作者更快速地吸引粉丝。在西瓜视频平台上，最受用户欢迎的视频种类为影视类，占总视频数量的 24.8%，并且仍然保持着同比 6.2 倍的速度增长。观看游戏类视频以同比 2.7 倍的速度增长，三农、教育、美食、时尚、动漫、综艺等种类的视频，也比较受用户欢迎。

创作者可对西瓜平台的视频种类进行排名，然后在排名前十位中选取一个自己擅长的领域进行创作，千万不要为了突出自己的个人能力，选择不擅长或冷门领域，找不到该领域视频创作的痛点，无法获得用户的喜爱。

2. 内容优质且有内涵

优质且有内涵的内容，能够为账号吸引更多的粉丝关注。创作者不要一味求快，内容粗制滥造。这样，只会让用户认为自己观看视频是在浪费自己的时间，从而对创作者产生一个比较坏的整体印象。

创作视频不论是搞笑还是讲故事，选取的题材都应该是积极向上、传播正能量的。正面的内容不仅可以让用户觉得比较有价值，而且还可以得到机器人的好感，获得更多推荐。

3. 追热点

如果创作者视频创作方向是影视类，那就要随时关注影视方面的相关动态，一旦出现大热的电视剧或者电影，马上剪辑出精彩的地方，上传到平台上去，第一时间吸引粉丝的关注。比如，2019 年大热的《流浪地球》电影，在刚上映时，就获得了众多影迷的一致好评。有的创作者看到了《流浪地球》的热度，剪辑某些感人、励志的画面上传到西瓜视频上，获得了很高的点击量。

想要追热点，创作者要拥有敏锐的嗅觉，及时发现热点信息，并且将其转化成自己的内容，上传到平台给用户看。

4 视频垂直度

创作者不要随意跟风，看到哪个视频火了之后，立马跟风创作者，最后导致自己的账号上各式各样的内容都有，不利于机器人对账号的整体定位，从而减少对账号内容的推荐。创作者要注意视频垂直度的问题，确定了创作领域后，账号就需要一直发表与该领域相关的内容。

5. 坚持原创

原创视频，更受平台欢迎，也能获得更多推荐机会，展示在用户面前。有一些创作者喜欢从别的平台搬运视频，这样很容易被平台机器检测出来。西瓜视频对于非原创的内容可能进行下架处理，对于原创内容，则会给予原创认证和更多的推荐，账号涨粉就会加快。

账号爆粉，其实操作并没有很难，创作者要注意不要违规，即使一开始效果不好，也要坚持发文，不要看不到效果就放弃。按照上面的打造爆款的发文规则，坚持一段时间后，就能看到效果。

第二节 火山小视频

火山小视频，是一款基于手机端的15s原创生活小视频社区，目的是让用户通过火山小视频去分享生活中的点点滴滴，获取粉丝，发现同好。火山小视频是由今日头条孵化的，2017年6月上线之初，就成为腾讯应用宝“星APP”当月榜单上的新锐应用。

一、平台特点

火山小视频，上线之初就受到了众多用户的欢迎。它为什么这么受用户欢迎，平台本身有着什么样的特点呢？下面我们来具体看一下。

1. 只适用于手机端

体验过火山小视频的用户可以发现，火山小视频只有手机APP，并没有电脑端。这是为了适应移动互联网时代的变迁，智能手机的出现，人们的多种娱乐需求都可以从手机上得到满足，使得中国网民正从电脑端往手机端迁移。火山小视频的APP恰好符合当下用户的娱乐需求，刚上线用户就激增。

2. 快速创作

以往，在人们的印象中，创作视频是属于专业人士的特权。但是，在火山小视频上，用户只要会用手机拍摄，即可在15秒钟做出专属于自己的小视频，快速记录生活中每一个有趣的瞬间，或者展示自己的才艺吸引更多粉丝关注自己。

3. 功能强大

在火山小视频上，创作者拍摄视频结束后，可以通过添加文字涂鸦特效、超多美颜滤镜、多种特效和背景音乐，让原本普通的视频瞬间变成大片，给用户带来强烈的视觉体验。火山小视频的各种拍摄功能极易上手，让创作者轻松体验各种快慢镜、鬼畜视频编辑功能。

4. 原创更受欢迎

火山小视频对于原创内容非常重视，越是原创的内容，越容易通过平台的审核，快速进入用户的视野中。

5. 高颜值直播

用户只需要左右滑动即可切换美颜滤镜，进行直播。美颜滤镜可以让直播者看起来颜值更高，获取更多粉丝，成为全场焦点。

6. 算法决定成败

大数据算法，是火山小视频留住用户的重要法宝。算法可通过用户的浏览、互动记录算出用户的兴趣，然后为其推荐感兴趣的内容，提高用户对平台的粘性。

火山小视频显著的特点也是其优点，为平台吸引了大量的用户。在今日头条的支持下，火山小视频的流量会越来越多，迅速成为创作者运用自媒体账号的手段之一。

二、数据分析

对火山小视频的相关数据进行分析，可以帮助创作者更加了解平台特性，判断平台是否适合入驻。下面我们从用户年龄、性别、增长速度、活跃度、使用时长等多个方面进行分析。

（一）用户年龄

通过 360 指数发现，火山小视频的用户年龄层比较大龄化，多分布在

25 岁至 45 岁之间，如图 4-3 所示。这个年龄层段的用户，需要并没有多样化，大部分用户更偏向于观看与搞笑段子和旅游相关的内容。

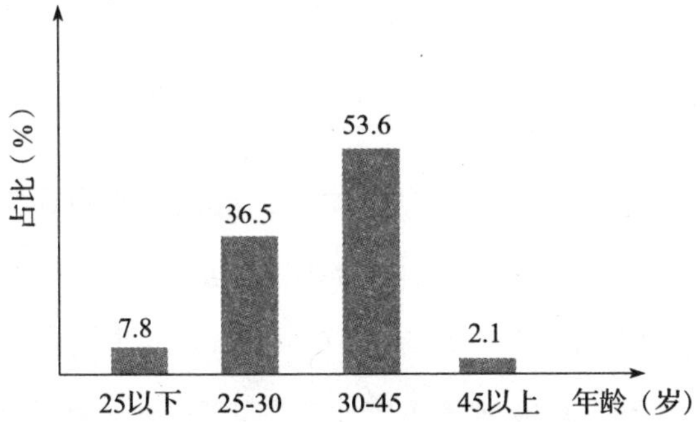

图 4-3

（二）性别比例

火山小视频男性用户明显高于女性用户，这与短视频领域的整体用户性别比例相同。其中，男性用户更喜欢观看游戏、旅游、三农等类型的视频。女性用户则更偏向于观看美妆、美食、亲子、萌娃等类型的视频。

（三）地域分布

从火山小视频的整体用户地域分布情况来看，用户多分布在一二线城市。用户分布最多的城市在广东，排名二三则在北京和山东两个地区之间徘徊。

（四）用户增长速度和渗透率

从上线以来，火山小视频的用户持续增长，截止到 2019 年，用户已有四千多万。火山小视频的周活跃渗透率为 5.4181%。

（五）用户活跃度和使用时长

统计发现，火山小视频日均播放量已经超过 60 亿，用户月活跃度达到 1.1 亿，日活跃度达到 4300 万。用户平均如使用次数达到了 19 次，周使用次数达到 184 次，使用时长为 66 分钟。这个数据，即使是在竞争激烈的短视频领域，排名依然非常靠前。

通过对火山小视频的各项数据分析发现，火山小视频的用户活跃度很高，意味着创作者的视频有更多的机会展示在用户面前，从而达到引流的目的。因此，创作者可以注册一个火山小视频的账号，发表作品。

三、优势分析

火山小视频作为一个社区短视频软件，旨在让用户在观看和上传视频的同时进行社交。火山小视频吸引了各种各样的有才、有颜、有料的达人入驻，就是为了向用户传达一个信息：即使你是一个普通人，只要创作的视频足够有趣、优质，就能成为下一个短视频达人。为了吸引、留住更多的创作者和用户，火山小视频致力打造了众多平台优势。下面，我们来介绍一下火山小视频的优势有哪些。

1. 今日头条的支持

背靠今日头条，火山小视频的优势还是非常明显的。首先在算法上，火山小视频的个性化推荐与今日头条的个性化推荐相似，甚至是通用的，可以智能地为用户推荐感兴趣的内容。除此之外，火山小视频还获得了今日头条的资金支持，快速发展起来。

2. 智能定位推荐

火山小视频可以智能识别地理位置，为用户推送附近的直播，并且可以根据地理位置的不同而进行改变。既可以增强用户彼此间的信任，又可以拉近直播创作者和用户之间的关系。

3. 15s 的时长

火山小视频平台上的视频最长时长为 15s，意味着用户可以一分钟内可以观看四个不同内容的视频，极大丰富了用户的生活。而且短暂的视频播放时间，符合用户越来越趋向于碎片化的时间。

4. 强大的赚钱能力

提到火山小视频，很多人脑海中浮现出的第一句话就是“拍视频，能赚钱”。的确如此，有很多创作者凭借拍视频找到了一条新的发展之路，赚取了第一桶金。

5. 多样化的鼓励机制

为了鼓励创作者多发表优质内容，火山小视频推出了多种活动和补贴，只要创作者发表的视频足够有趣、优质，不但可以快速通过平台审核，而且还可以获得平台给予的各种补贴。

比如，火山小视频推出的“百万行家”计划，就是为了激励如烹饪、养殖、汽修等各行各业的专业人士创作视频，并给予补贴。

还有，火山小视频之前推出的“上山吧，造型师”活动，就是为了鼓励擅长化妆的用户创作视频，并给予补贴。有的创作者每天分享自己的特效作品和化妆教程，很快就吸引了 20 多万的粉丝，赚取了收益。

创作者在运营火山小视频账号的过程中，也可以利用今日头条来进行引流，将今日头条账号的上的流量引流到火山小视频上，二者互通有无，实现利用流量获取收益的最大化。

四、账号爆粉

上热门的视频，通常能获得更多平台推荐。在火山小视频 APP 上发表视频，每个创作者都希望自己的视频能登上热搜榜，进入更多用户的视野中，为账号吸引更多的粉丝。想要吸引更多的粉丝，创作者可以跟着下面的方法来做。

1. 做好视频布局

在拍摄小视频前，创作者首先对“如何拍摄视频”有一个总的了解，例如视频的节奏、场景、特效等，不要出现视频拖慢节奏，主要情节还没出来，播放已经结束的情况。拍摄视频时，为了突出短视频的酷炫，吸引更多的粉丝，创作者必须熟练运用 APP 上的各种特效，增加视频的可看性。

2. 用户调研

创作者在拍摄视频之前，需要先确定好未来的创作方向，以及对应的目标群体。然后，再对目标群体进行调研，了解目标用户年龄层段，他们的兴趣爱好及心理需求。根据兴趣爱好和心理需求进行视频创作，投其所好，就能让用户点击观看视频。

3. 标题和封面

一个好的标题和封面，可以很大程度上提高视频的点击量，而点击量的高低可以决定视频是否会被平台推荐。因此，创作者完成视频的拍摄后，也需要为视频起一个吸引人的标题，并且从视频中截取最精彩的一个画面，进行美化和修剪，将其作为封面。若是创作者不进行处理，平台会自动截取开头的一个画面作为封面。

4. 积极互动

这里的互动不仅是创作者与用户之间的互动，也是创作者与创作者之间的互动。当有用户在视频下方留言时，创作者积极回复，并参与讨论。同时，收藏、点赞平台上的其他视频，与粉丝多的账号互相关注，就可以达到养号的目的。互动的多了，就会有更多的用户关注你。

火山小视频从推出至今两年多的时间里证明了一个道理，只要你的内容受用户欢迎，你就会“火”，成为视频达人，吸引大量的流量，进而和平台签约，享受分成和广告费。运营好一个火山小视频的账号并不难，创作者只要遵守平台要求，再学习一下拍摄和养号的技巧，坚持发布视频，就能脱颖而出。

第三节　抖音小视频

抖音，是一款音乐创意短视频软件，自 2016 年 9 月上线以来，短短的三年时间，抖音的全球月活动数量就超过了 5 亿，仅仅是国内的日活动量粉丝就达到了 1.5 亿。抖音究竟有什么魔力，能吸引这么多用户？

一、平台特点

坐公交、地铁或者餐馆吃饭时，经常会看到有人抱着手机看个不听，并且时不时地发出笑声。仔细一看，发现原来他们都在刷抖音。抖音短视频异军突起，自上线以来，用户数量一直在短视频领域遥遥领先。为什么它能吸引这么多人玩，其本身的特点，详细说明了这一点。下面，我们来看下抖音短视频有什么样的特点。

1. 平台创新

作为第一款音乐短视频软件，用户在创作者短视频时，可以利用软件上的音乐库为短视频选择合适的背景音乐。背景音乐与视频内容相搭配，将视觉与听觉结合起来，增强感官享受，更容易吸引观看者的注意力。这也是，用户一旦刷起抖音就停不下来的原因。

2. 内容轻松有趣

抖音短视频主打的是“专注年轻人音乐短视频社区平台”，主要用户群体在 15 岁至 30 之间。为了迎合年轻人的需求，抖音上的短视频内容都是从年轻人的角度出发，高效、酷炫、趣玩、萌宠、创意等内容居多，能够吸引用户的注意力。这些视频能够提供一连串的刺激，让人们大脑中快速产生多巴胺，感受到兴奋和快乐。在下一个快乐点的来临之前，用户感觉不到时间地流逝。

3. 玩法丰富多样

抖音上的短视频时长大多为 15s，但这短短的 15s 中，可以用多种形式表现出来。为了提高视频的吸引力，抖音创作者提供了多种特效玩法。如，瘦脸、美颜等各种特效等。创作者拍出来的视频可与大片相媲美，不仅创作者自己获得了很高的成就感，发表视频后也会给用户带来强烈的视觉冲击，丰富了人们的业余生活。

4. 充满真实情绪

说起来，抖音并没有多么高级，它没有那些演绎、记录等高大上的目的，仅仅是为了用户“趣玩”而生。它的内容是用户在真实生活中能够切实感受到的，并且真正地影响着用户的生活乐趣。

在很长一段时间内，抖音短视频都被评为是最受用户欢迎的短视频软件，而且其庞大的用户数量，也可以产生非常好的引流效果。抖音上的短视频也可以转载到今日头条上，二者互通有无，起到互相引流的作用。

二、数据分析

抖音短视频的整体数据分析，对创作者了解分析平台的发展潜力，有很大的帮助。下面，我们可以从抖音短视频的用户性别、年龄、地域分布、平台认知等多方面去解析。

(一) 用户年龄

从数据显示，抖音短视频的用户群体比较年轻化，大部分的用户都集中在 24 岁以下。在发展初期，抖音的团队就曾经说过：“85% 的抖音用户在 24 岁以下，主力达人和用户基本都是 95 后，甚至是 00 后。”具体用户数据表现如图 4-4 所示。

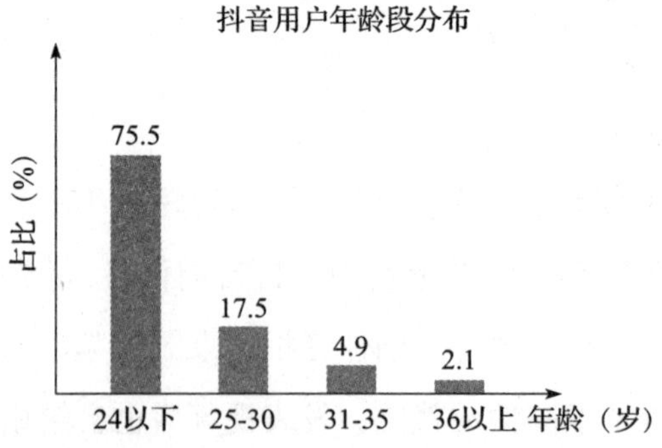

图 4-4

(二) 用户性别

和其他短视频软件男性用户高于女性用户情况不同，抖音短视频的女性用户比男性用户高。女性用户的大约占比为 66%，男性用户的大约占比为 34%，如图 4-5 所示。

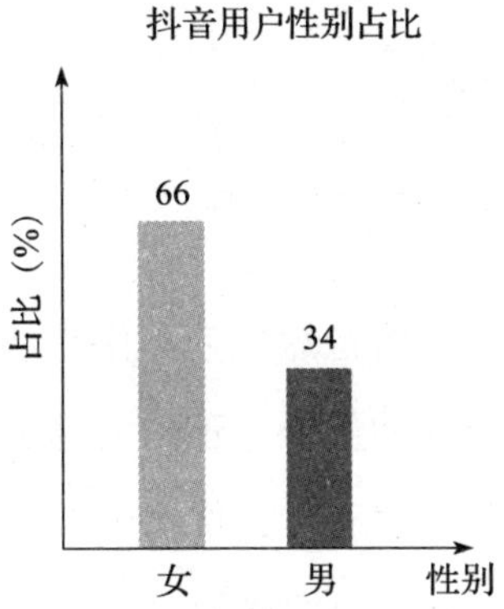

图 4-5

(三) 地域分布

抖音的用户多集中在一二线比较发达的城市，在一二线城市，年轻的上班族占比较多，也较容易接受新鲜事物，碎片化时间也比较多。在休息的时候，喜欢刷抖音来放松自己。

(四) 平台认知

不同的用户对于抖音短视频的认知是不同的，有的人认为抖音是一个非常酷炫的平台，有的人认为抖音是一个很接地气的平台……企鹅智库数据平台对抖音用户认知做了一个调查，如图 4-6 所示。

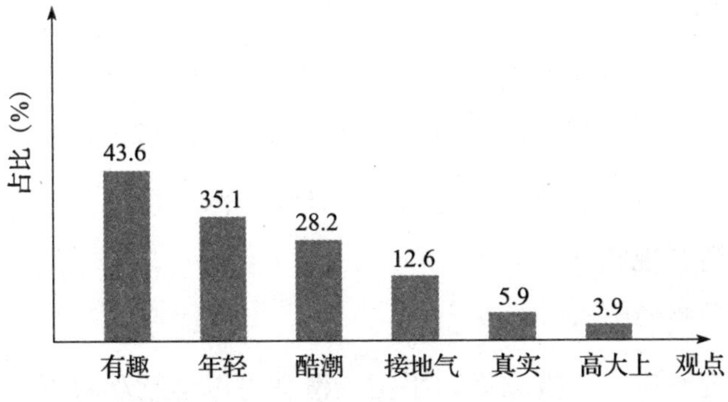

图 4-6

(五) 使用时间

创作者在抖音上发表时间之前，先要明确用户的使用时间，然后在用户集中的时间发表，就能被更多用户看到。从企鹅智酷对的抖音用户调出的数据显示，用户使用抖音最集中的时间多在饭后、睡前、去卫生间、周末、通勤路上等。由此，可以得出，用户使用抖音的时间多在早上 7 点到 8 点半、午休、下班后和周末等，创作者可在这个时间段发表视频。

除了这些数据之外，创作者还需要了解抖音用户感兴趣的标签、经常关注的用户等，通过这些数据，帮自己确定视频的创作方向，吸引更多的流量。

三、优势分析

抖音短视频不论是从页面设计、功能设计，还是在营销上都有着不可忽视的优势。正因为这些优势的存在，才能吸引和留存用户。那抖音短视频究竟有什么优势呢？下面，我们一一列举。

1. 页面简洁

进入抖音短视频 APP 后，用户直接看到的就是内容。APP 首页，就是视频内容，且自动播放，能在第一时间吸引用户的注意力，不会进入软件马上就退出去。

2. 精准抓住用户需求

抖音短视频的算法非常智能，能够根据用户的年龄、生活习惯和浏览记录进行目标用户的细分化，精准地抓住用户的需求，为他们推荐感兴趣的内容。并且，抖音还会为用户提供个性化短视频拍摄的服务方案，为用户量身打造精彩视频。

3. 不可预测的内容

当用户观看完一个视频后，手指一滑就可以继续观看下一个视频。但是用户无法预测下一个视频的内容，这种内容的随机性，时常为用户带来惊喜感。而且，在抖音短视频上，点赞多的视频会被平台优先推荐，刺激用户积极参与互动。

4. 注重用户体验

抖音短视频非常注重用户体验，从视频的竖屏播放，到点赞、上下滑浏览其他视频、右滑进入个人资料页、查看评论等功能的设计，都符合用户的需求。

比如，用户双击屏幕点赞，页面上便会出现小红心的特效，这就是给点赞的用户的一个反馈。这种细节的设计，更容易获得的用户的好感。

5. 视频种类丰富多样

在抖音上，各种视频内容丰富多样，不论多么稀奇古怪的视频都能找到，更甚者许多明星入驻抖音，让一些粉丝用户因为能够看到更多和偶像相关的内容而兴奋，更加停不下来刷抖音了。

每个种类的视频都有显著的特点，比如说搞笑段子，往往会有出乎意料的结局，让人忍不住看了一个有一个，直到看完方罢休。还有那酷炫潮玩类的，各种惊心动魄的动作更是更人欲罢不能，尤其是创作者会根据镜头摆动、切换、滤镜、贴纸等等功能合成的高质量视频，节奏快有充满动感，让人看着很是过瘾。

6. 个性化设计

抖音推出的尬舞机，是其独创的玩法，用户可以在线上模拟线下跳舞机的玩法。独特的玩法，为抖音吸引了大量的用户，激励用户不断创作新的视频。当用户看到优质视频时，会自发性地去点赞，评论，形成一个良好的社区活跃氛围。

从运营的角度分析，抖音短视频的巨大流量池能够帮助创作者迅速完成引流的工作创作者只要能够创作出用户喜爱的视频，自然会有用户关注你，不必再为流量发愁。

四、账号爆粉

账号粉丝越多的，获得的平台推荐越多，更容易出现在用户的视野中，创作者的可操作空间也越大。怎样才能让抖音账号爆粉呢？创作者可尝试下面几个方法。

1. 优化内容

在抖音 APP 上，有几个领域的内容非常受用户欢迎，即搞笑、音乐、生活技术、美食等内容，最适合用来涨粉。这几类的内容不仅贴近用户的生活，而且留给创作者的发展空间比较大。

2. 精确定位

质量是成功的第一标准，短视频没有质量，创作者很难成功。因此创作者首先要找准自己的定位，做自己擅长的领域，充分发挥出自己的能力，保证做出的视频的质量。即使是自己没有哪一方面特别擅长，也不要跟风随大流，做做这个、做做那个。创作者先确定一个方向，然后通过自己不断地学习和积累，一步步把自己做的视频的质量提高上来，就会逐步火起来。

抖音上的热门领域包括唱歌、技能教学、萌娃、萌宠、美景分享、真实感人故事等，创作者在这些方面比较容易靠一个或者几个视频迅速走红。

3. 多蹭热点

关注度越高的事情，人们对于其地讨论也就会越多。当有一个热点的事件，就应该抓住不放，好好地利用。适当地依靠别人也是非常有效的，特别是针对热点事件，进行自己的评价，说出深刻的道理，很快就会增加热度，让自己的视频迅速火起来。

4. 做好文案

虽然动态的视频更抓人眼球，但是好的视频文案描述能够起到点睛的作用。很多用户在观看视频时，会下意识地去看页面下方的文字解说，这更有利于帮助用户在一开始了解视频的内容。所以，创作者不仅要做好视频的拍摄，也要为视频写一句有趣又容易理解的文案。

5. 抓住时间点

对于大多数人的时间安排，有很大的规律性。抖音面对的观众大多数是集中在年轻的上班族。这一部分人空闲的时间都在中午 12 点到下午 2 点左右，晚上 9 点到 11 点。因此，要抓住这些重要的时间段，尽量把自己的视频发布时间放在这些时间段内，从而获得更大的曝光度，经过推荐机制，就能不断地提高播放量进而涨粉。

抖音账号涨粉，其实并没有创作者想象得那么难。创作者先做好用户调研，了解目标群体的需求，熟练运营抖音视频的各种特效。最重要的是，做好背景音乐（BGM）的选取。这样，创作出来的视频，一般会受到用户的喜爱，进而关注你。

第五章　玩转问答，悟空问答高效精准吸粉的技巧

第一节　提问：问得好是关键

一、选择一个快速涨粉的问题

利用悟空问答引流粉丝，创作者除了去回答问题外，还可以自己创建问题，一个好的、符合用户需求的问题，既可以吸引用户收藏，又可以吸引领域内的专业用户参与来回答问题，起到双向引流的作用。当然，创作者也可以申请两个账号，一个提问一个回答，达到营销的目的。

想要快速涨粉，创作者提出的问题很关键。如果这个问题是很多用户都面临的、亟待解决的，那么，当用户在悟空问答上搜索时，你的问题会被第一时间推荐给用户，也能被更多的用户收藏。因此，创作者在提问题时，可以尝试下面几个提问题的小技巧。

1. 分析收藏量高的问题

创作者可以分析悟空问答上收藏量比较高的问题，分析这些问题为什么会受用户的欢迎，是因为领域受欢迎还是与生活有关，学习他们的提问技巧，运用到自己的问题中，吸引用户点击。

2. 选择热门领域

在悟空问答上，用户对于计算机、生活小窍门、情感、明星等相关问题最感兴趣，创作者可以从中选择一个用户关心的，自己又擅长的领域进行提问，然后再用另一个账号来进行精准回答。

3. 按照用户需求

用户在悟空问答上提问，其根本目的就是为了寻找解决当前问题的办法。很多用户在提问之前，会先根据自己的情况进行搜索，看类似问题便会点进去看下面的回答，并收藏问题。同理，如果创作者提出的问题符合了用户的需求，下方的回答又恰好能解决问题，那就能引导很好的引流作用，让用户去关注账号。

4. 具有争议性

具有争议性的问题，最能吸引人们的眼球，并且让人们产生好胜心，为自己的论点各抒己见。创作者想要提高问题的收藏数量，可以提出一个比较有争议性的问题，来吸引用户。不过，这样的问题具有一定的风险，很容易引起口舌之战，创作者要慎重使用。

创作者自己提问题，可以为下面的引流工作奠定了更好的基础。所以，在没有找到合适的问题回答时，创作者可以自己创造条件，提出一个受欢迎的问题。

二、邀请回答

在悟空问答上回答问题时，有时候创作者会收到邀请去回答某个问题，而且这样的问题一般都是刚出来的，只要创作者用户回答，逻辑清晰，能让看到的用户有所得，就可以让回答登上首页。

邀请回答通常有两个来源，一个是用户邀请回答，一个是悟空小秘书邀请回答。

用户邀请回答，既是用户在悟空问答上成功提交问题后，在问题的下方会出现“邀请回答”选项，如图 5-1 所示。

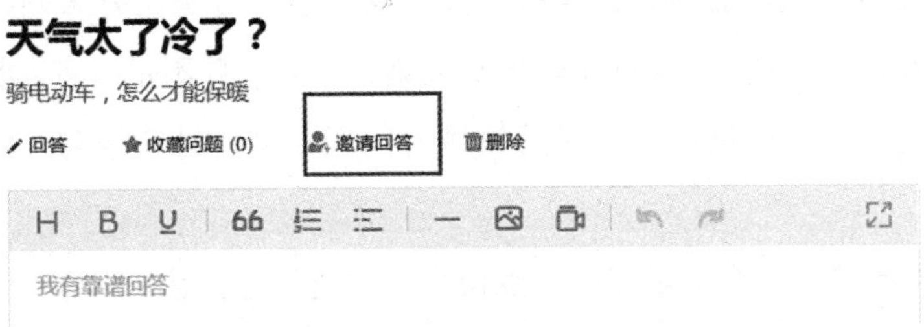

图 5-1

若是用户急于知道答案，便可以点击“邀请回答”选项，在下面会出现一个用户列表，这个列表中的用户都是某一领域比较专业的回答者，如图 5-2 所示。创作者可以选择合适的用户，点击右侧的“邀请”按钮，邀请对方回答问题。

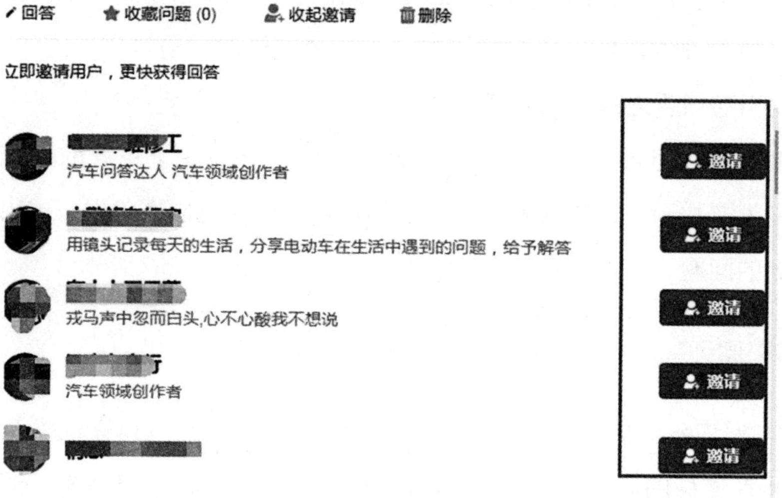

图 5-2

要注意的是，在下拉列表中出现的用户，并不是每个都擅长回答用户提出的问题的，提出问题的用户要注意辨别，选择比较合适的回答者。这个道理同样适用于收到邀请的创作者，若是收到邀请的问题并不是自己擅长的，创作者不能言之有物，就不需要去回答，浪费时间。

悟空小秘书邀请回答，即用户提出问题后，若是没有人回答，悟空小秘书可能会给平台的某些用户发送邀请。但是，并不是所有人都能收到邀请，邀请的一般是用户选择的领域与问题相符，且已经有一些优质的回答。

悟空问答是一个非常好用的涨粉利器，创作者若是利用好了，不仅可以凭借悟空问答赚取收益，而且还可以引导用户关注自己的账号，去点击浏览账号上的文章和视频，获取更多的广告收益。

第二节 回答：除了拿红包，还要涨粉

创作者在悟空问答上开通了收益后，回答问题是可以获得现金红包的。这是创作者获取收益的一个渠道。但是，除了获得现金红包外，创作者回答问题的最重要目的是为了吸引粉丝关注自己。那么，具体应该怎样去做呢？

一、选择回答问题

仅凭一个优质的回答，就能为创作者吸引大量的粉丝。在悟空问答上选择回答的问题时，创作者不需要每个问题都回答，而是有选择进行回答。在悟空问答上，创作者该如何选择回答的问题呢？

1. 擅长领域

优质的回答中必须有内容，能够让读者产生“原来如此”的感觉，才能吸引他们。所以，创作者在回答问题时，一定要选择自己擅长的领域，才能言之有物。

2. 高收藏的问题

一个问题的收藏数越高，代表这个问题的热度和关注度越高，有需求的用户数也比较多。回答这样的问题，能够让创作者的答案被更多的用户看到。

3. 没有优质回答的问题

如果一个问题收藏的人多，但是回答都很简短，那创作者的机会就来了。只要创作者写出的答案中有能获得用户认同的点，点赞评论的人多，就会被选为优质答案，登上首页。

4. 领域专一

创作者在回答问题时，确定领域后，一定要专一。比如，创作者选择

的领域是美食类，那在回答问题时就多回答与美食有关的问题。不要今天回答美食的问题，明天回答美妆类问题，后天又跳转到了娱乐类。在专一领域回答问题，可以给平台和用户一种感觉，你是这个领域的专业人士，更加认同你的回答。除此之外，创作者回答的问题越多越好。若是一天可以回答二十多个问题，就有更多的机会登上首页。

在初期，对于要回答的问题，创作者一定要慎重选择，尽量选择关注用户多的问题，多写一些有价值的点，就能迅速吸引大量的粉丝关注。

二、回答技巧

在悟空问答上回答问题时，若是回答优质，阅读的用户便会点赞，积极参与评论和分享。若是回答不当，可能会被其他用户回“踩”，如图 5-3 所示。

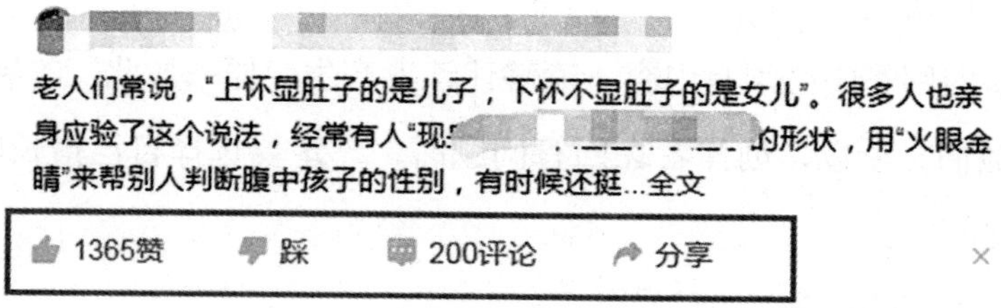

图 5-3

怎样才能写出一个好的回答，创作者可以注意下面几个技巧。

1. 原创更受欢迎

作为今日头条的问答服务社区，悟空问答同样拥有完善的查重机制。创作者编写完答案，提交到平台后，会被平台进行查重。如果答案是抄袭他人的，将无法获得平台的推荐。而且，如果创作者经常抄袭他人，会降低创作者的账号推荐量，影响粉丝引流。

所以，在回答问题时，创作者一定要坚持原创，条理清晰地陈述观点。若创作者的答案足够优质，将会被平台推荐到今日头条首页，被更多用户看到。

2. 优化排版

创作者回答问题时，是限制字数的。有的回答字数多，就像一篇文章一样。若是回答的字数较多，创作者又不注意排版，大段的文字会让用户阅读得非常累，根本没有兴趣阅读。所以，创作者一定要注意排版。相同的内容，使用头条自带的编辑功能进行排版后，更容易得到平台的推荐。

同时，创作者还可以在答案中，添加图片。图文配合，生动形象。若是答案长，创作者要进行小分段，便于用户理解。适当地加粗标题，既可以分隔段落，又可以提醒用户重点。一个排版优美的回答，远比一个段前没有空格、分不清段落头尾、大段的文字受用户欢迎。创作者一定要做好细节工作，避免用户因为观感太差而放弃阅读答案。

3. 短视频回答

回答问题时，用短视频回答可以大概率地被推荐上首页。这是因为很多创作者都在用文字回答问题，若是你用短视频回答，会给人耳目一新的感觉，所以更容易上推荐。

在回答问题时，列表栏中有“视频”按钮，如图 5-4 所示。用户点击，便可以上传录制好的视频了。

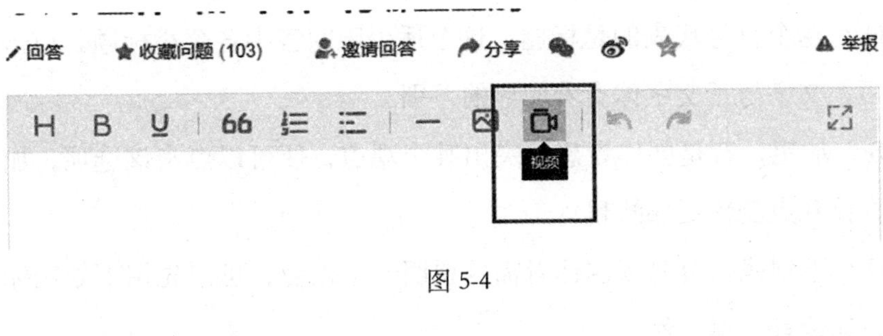

图 5-4

4. 悬念引流

学会在答案中留一个小小的悬念，巧妙地将粉丝引流到账号上。例如，创作者在回答完内容后，可以在结尾加上一句“关注头条号，持续为大家更新有趣的内容”“想要获取更多有趣的内容，就来关注我吧”等类似这样的话，引导用户关注你，实现进一步引流转化。

创作者想要利用悟空问答引流，先要选择好回答的问题，然后写一个比较专业、有价值的答案，并且在内容中引导用户关注你，提高账号的粉丝数量。

三、运用好编辑后台

悟空问答的编辑后台，与头条号的编辑后台差不多。巧妙利用编辑后台的各项辅助功能，如图 5-5 所示，可以让文章看起来逻辑更清晰，能够让用户一眼就看明白文章内容的重点是什么。下面，我们来分别看下悟空问答编辑后台的辅助功能都有哪些?

图 5-5

H：这个符号代表的是标题，这个适用于回答中各个小标题。点击该选项后，文字与正文字体有着明显的差别。

B：加粗，若是创作者想要突出某个观点，便可以点击该选项，加粗字体，让观点变得更加醒目。

U：下划线，有时候创作者需要说明一个论点，可以先用下划线标记一下，让读者一目了然。

“：引用，即创作者想要引用他人的话或书中的话时，即可点击该选项，不会被平台判定为抄袭。

有序列表：即排序，比如一件事情需要用三点讲清楚，就可以点击该选项。

—：分隔线，对答案进行必要的分隔，让答案更有逻辑性。

后面就是插入图片、视频和撤销三个选项，当创作者需要在答案中插入图片和视频时，可点击这两个选项。撤销，就是创作者这一步操作错误，点击该选项，可恢复到上一步的操作。

答案结构清晰，也是平台判定是否为优质回答的重要标准。因此，创作者要善于运用编辑后台的各项辅助选项，让自己的答案变得更有条理性，用户阅读起来更容易被理解。这样，也能让答案获得更多推荐。

第六章　促活留存：激励用户持续关注

第一节　持续满足用户需求

马斯洛认为："人类具有一些先天的需求。"当人类的某种需求被满足后，心理上会产生一定的成就感。为了满足某种需求，人们会进行一系列的行动。在运用今日头条的账号时，创作者同样可以利用"满足用户的需求"这一点，去吸引用户关注。

一、心理需求

从满足用户的心理需求的角度出发，让用户在看到你的文章、图片、视频或答案时，获得认同感、成就感、欣赏感等，用户就会持续关注你的账号，甚至成为你的忠实粉丝。怎样才能满足用户的心理需求呢？可以从下面几个角度分析。

1. 归属感

你的文章或视频若是能让用户阅读观看的时候，产生归属感，那用户就会文章或视频产生好感。正所谓"物以类聚，人以群分"，当用户产生了归属感后，就会将自己与创作者划分为同一个圈子的人，从而关注创作者的账号。

2. 成就感

当创作者在文章或视频中针对某件事情表达的观点恰好与用户一致，就会让用户心中产生一种成就感："原来专业人士与我的看法一致，我还是挺厉害的。"在成就感的激励下，用户便会点赞、收藏、评论并且关注账号。

若是创作者想要创作出满足用户成就感的内容，不妨先对目标用户做一个调查，看他们关系什么，日常认知是什么，这样才能写出迎合用户的内容。

3. 比较心理

比较心理，即攀比心理，有的人总是不自觉地去关注一些比自己厉害的人。只要创作者的内容足够优质，经常被平台推荐，也会吸引一部分想要比较、学习的用户关注。

4. 求知欲

碰到不明白的事情，人们总是会想办法弄明白。对于那些观点精辟，能将某个问题原理解释清楚的文章，用户会产生信服感和好感，并且认为创作者是一个博学、能言之有物、值得长期关注的人。创作者要做的就是用简单通俗的语言，去说明白困扰用户的问题。

5. 从众心理

很多人都会有从众心理，看到一个事情大多数人都说好，即使他自己没有感受到，但是在从众心理的作用下，也会说好。因此，创作者成功发表内容后，可以先做好营销工作，提高收藏量和评论量，并且都是好的评论。然后以量带量，形成一个良性循环。

满足用户的心理需求，首先，创作者需要对目标用户群体有一个整体的了解，能够切实戳中用户的痛点，然后用内容吸引用户注意力，并引导他们持续关注。

二、情感需求

情感需求，即人们在感情上得到满足，心理上得到认同。随着时代的不断进步，人们的基本需求得到满足后，开始追求精神上的享受，从而产生了情感需求。在今日头条上创作内容，若是创作者能够满足用户的情感需求，让其与内容产生共鸣，就能引导用户持续关注你的账号。那么，怎样才能满足用户情感需求的内容呢？

1. 共鸣

满足用户的情感需求，就是用户在看到内容时，内心能与之产生共鸣，认为内容中表达的观点十分符合自己的价值观。在创作之前，创作者需要先调查分析用户的需求，找到共鸣点，然后运用到内容中。

例如，很多身材胖胖的女孩，内心都会有一些自卑，想要减肥让自己变得更美。创作者便可以在内容中阐述胖女孩在生活中遇到各种麻烦和不公，引起这类用户的共鸣。接着，创作者可以在下面的内容中提出解决办法，如，“减肥的时候，吃这些不会胖”“做这些动作，和蝴蝶袖说拜拜”等。引起用户共鸣后，再用实操方法吸引用户持续关注。

2. 安全感

随着生活节奏地加快，人们经常会没有安全感，很多人在情感上都需要一点寄托。若是创作者的内容，能够为用户的一种情感寄托，为用户带来安全感，那就会让用户成为你的忠实粉丝。例如，现在很多上班族每天忙忙碌碌，经常加班赚钱，和家人团聚的时间很少，创作者便可以创作一些家庭温暖的内容，吸引用户观看。

3. 满足

当用户感觉到满足时，通常会对让他产生这种感觉的事物抱有十二万分的好感。这个道理，同样适用于今日头条。若是用户在今日头条的某项内容中获得了满足感，就会持续关注内容的创作者。比如，有很多减肥的人喜欢去看吃播，或者美食视频，就是因为他们在看到别人吃美食时，自身也能产生满足之感。

4. 开心

对于能让自己产生愉悦情绪的事情，很多时候大脑会对人们释放信号，催促人们继续做让人愉悦的事情。在今日头条中，搞笑段子的阅读量排名非常靠前，就是因为这些搞笑的段子可以为用户带来愉悦之感。而且，很多写搞笑段子的创作者都有很多粉丝。

5. 表现形式

能够满足用户情感需求的内容表现形式有三种：故事类、干货类和鸡汤类。

故事类内容，就是通过一个生动的小故事引起用户的共鸣，这种形式既可以应用文章中，又可以应用到视频中，以丰富的情节触动用户的内心。

干货类内容，更多的是为用户提出解决办法。当用户在生活中遇到的问题与内容中提出的问题产生共鸣，自然就会被创作者下面提出的解决办法感兴趣。创作者在内容中提出的方法，恰好就是用户的需求。

鸡汤类内容，重在安慰用户，慰藉用户受伤的心灵。它多应用于文章中，从积极正面的角度，给予用户鼓励。这类型的内容不好掌握，很容易写成无病呻吟，创作者要注意。

情感，在人们的生活中担任着非常重要的角色，创作者从满足用户情感需求的角度进行创作，就能更多地对用户进行引流。

三、利益需求

利益，是促使人们行动的动力。当某一件事情符合了人们的利益需求，或者人们可以从这件事情中获得一定的价值时，他们就会积极去做这件事情。运营今日头条账号，同样是这个道理。只要创作者的内容符合用户的利益需求，就能获得用户的持续关注。创作利益需求型的内容，创作者可以从下面几个方面入手。

1. 分析痛点

在创作利益需求型的内容前，创作者首先要明白用户的“利益点”是什么。简单而言，就是创作者先要找到目标用户的痛点在哪里，然后根据用户的痛点进行内容创作。例如，创作者的内容目标用户是宝妈，那她们的痛点就是与孩子有关的事情，创作者便可以从孩子的日常生活、身体健康等方面入手，进行内容创作，就能吸引很多宝妈关注。

2. 给出价值

用户通过阅读或观看你的内容，从中获得了收益，收益的大小决定用户是否会继续关注创作者。因此，在了解了用户的痛点或问题后，创作者要在内容中提出解决办法，可以切实帮助用户解决问题。

3. 兴趣

对于自己感兴趣的事情，人们即使遇到了困难，也会想办法去攻克。创作用户感兴趣的内容，就是为用户创造价值。例如，有的用户对设计很感兴趣，但是不会 ps。如果创作者的目标用户是这一群体，便可以创作一些 ps 教程，向用户传授使用 ps 的技巧，十分容易获得他们的关注。

在创作利益需求型的文章时，创作者一定要选择自己擅长的领域，这样才能言之有物，让用户认同并产生信服感。若是创作者本身对这件事情或问题就不了解，只会说一些浮夸之语，无法给用户提供切实可以使用的内容，便会造成大量用户流失。

第二节　优化产品内容，提升满意度

优质的内容，才能吸引更多的用户。创作者不断优化产品的内容，提升用户的满意度，账号的粉丝才能越来越多。具体做法如下。

一、解决问题

提高用户的留存率，是每个创作者都要思考的问题。因为只有在发展新用户的时候，同时可以留住老用户，才能实现账号粉丝的快速增长。怎样才能留存用户呢？最有效的途径就是内容能够解决用户的问题。

创作者解决用户问题时，可以从下面几点入手。

1. 分析目标用户

想要解决用户的问题，首先要了解用户，明确他们的痛点是什么，具备什么样的特点。同时，分析这些用户的问题是怎么形成的，为用户带来怎样不好的影响。只要将用户的问题分析清楚，创作者才能知道从哪个角度提出解决的办法。

2. 换位思考

创作者需要学会站在用户的角度思考问题，这样有助于创作者更好地理解用户的痛点，比较专业地提出解决问题的办法，使内容更加符合用户的需求。

3. 方法专业

解决用户问题的前提是创作者本身对这个领域具有专业的知识，例如，创作者的目标用户是减肥的女孩，她们多关心的便是与饮食、运动等有关的问题。创作者本身应该具有相关的专业知识，创作的内容，正确且能让用户信服。

4. 发挥优势

若创作者注册头条号是为了营销产品，那就必须将产品的优势与用户的痛点相关联，尽可能地发挥产品的优势，让用户看了之后就能明确地认识到，这篇内容可以解决他们当下比较迫切的问题。

5. 统计数据

做好数据收集和分析工作，并且从数据中整理出有用的信息，不断完善，找出解决用户问题的最优方案，就能获得用户的好感，达到留存用户的目的。

用户的问题并不是一成不变的，创作者需要根据用户的不同需求改变自己的方法策略，紧跟用户的脚步。同时，提出的解决方案中一定要有具体实施的可行性。坚持下去，就能收获大量的忠实粉丝。

二、消除抱怨

当用户浏览今日头条时，看到不符合心意的内容，难免会新生不悦，产生抱怨，最后，导致用户流失。因此，创作者必须及时消除用户的抱怨，提高用户体验，增加用户留存率。

在今日头条平台上，创作者最直接了解的用户不满的途径就是通过内容下面的评论。有的用户看到不合心意的内容，尤其是创作者还是自己喜欢的，便会在内容的下方留言。了解用户有哪些抱怨后，就要进行解决，创作者该怎样去消除用户的抱怨呢？

1. 真诚地道歉

既然让用户产生了不满，创作者首先要向用户真诚地道歉，体现出自己已经意识到错误的真诚态度，及时消除用户的失望情绪，挽回自己在用户心中的形象。

2. 致以感谢

创作者应该抱着良好的心态，去面对用户的抱怨，并且积极接受。只有这样，才能使内容更好地被用户接受。因此，创作者需要向提出抱怨的用户致以感谢，让对方感受到自己提出的意见被接纳了，增加其好感。

3. 及时解决

及时解决抱怨，并且在以后创作的内容中不再出现类似问题，既是创作者对用户的尊重，也是创作者吸粉的一大利器。

4. 确认用户满意度

当创作者根据用户的抱怨解决问题后，需要及时向用户确认解决的满意度。如，在后面创作的内容下方为用户留言，确认新发布的内容是否还存在以前的问题。

5. 内容检查

每次创作完新内容，创作者都要进行检查，确认新内容中是否还存在以前的问题。若是存在，及时改正。同时，整理用户抱怨过的问题，从中总结经验，避免下次再出现同样的错误。

用户的抱怨，可以帮助创作者优化内容，更好地完成创作。创作者需要以积极、乐观的态度面对用户的抱怨，并及时想出解决的办法。只有这样，才会让账号的粉丝越来越多。

第三节 积极参与，提升用户黏性

当用户在某件事情耗费的精力越多，对这件事情就会越在意。因此，创作者要想办法提高用户的参与度，增强用户对内容的归属感，从而获得用户的持续关注。那么，创作者该如何做呢？

一、发起话题引讨论

研究发现，当用户参与到一个话题讨论时，对这个话题的关注度会远远超出对其他话题的关注。因此，在创作今日头条的内容时，创作者不妨抛出话题，引导用户去参与讨论，积极发表自己的观点。在讨论的过程中，用户会不自觉地对内容和话题产生归属感。

创作者在今日头条上发表的内容，最佳发起话题的地方有两个：一个是内容的结尾，一个是评论区的第一个评论。

创作者将内容介绍得差不多时，经常会在内容的结尾抛出一个话题，或者是写完文章，自己成为第一个评论人，借势抛出话题。比如，创作者写了一篇有关于“好听的古风歌曲推荐”的文章，将自己认为好听的古风歌曲一一列举后，在文章的结尾，写道：“你认为还有哪些好听的古风歌曲，快来推荐一下吧！”很多用户看到这篇文章中没有自己喜欢听的歌曲，便会忍不住在下面留言。若是在评论中看到相同的回答，还会产生遇到知音的欣喜感。当然，也可能会产生激烈的争论，争论哪一首古风歌曲最好听。但是，这样的热度正是创作者所需要的。

在发起话题时，创作者要注意问题的选择，一个好的话题可以吸引用户参与讨论。一个无趣的话题，用户不会产生想要参与的欲望。在选择话题时，创作者要注意以下几点。

1. 相关性

创作者抛出的话题，必须与正文内容相关，或者可以理解为对正文内容的延伸、解读，用话题来吸引阅读文章的用户更深度地参与到文章中。

2. 具有争议性

平淡无趣的话题，是无法吸引用户的，只有具有争议性话题，才能激起用户积极参与的欲望。

3. 积极回复

积极回复用户的评论，与用户交流，同样可以提高用户的参与感。

用户的参与感越高，对文章的关注度也越高，同时，他们还会将这种情绪转移到创作者身上。因此，创作者要学会制造话题，这样就能吸引更多的粉丝。

二、征求意见

今日头条的创作者若是想要获得更多的粉丝，那就必须创作出用户喜欢的内容，这样才能吸引用户的注意力并关注账号。那么，怎样才能创作出用户喜欢的内容呢？创作者必须充分了解用户的需求，通过征求用户意见的方式，去创作出用户喜欢的内容。

创作者征求用户的意见，可以通过用户评论、群调查、目标用户问卷等方式进行。

用户评论：是创作者与用户接触最方便直观的方式，创作者可根据用户对内容的评论，总结出用户喜欢的题材，再进行题材创作，更容易被用户接受。

群调查：创作者可创建一个 QQ 群或微信群，留下群账号或二维码，只要是喜欢阅读或观看创作者内容的粉丝都可进群。等到粉丝积攒到一定数量后，创作者便可以在群里调查粉丝喜欢阅读什么样的文章或观看什么样的视频。

目标用户问卷调查：即，创作者确定了目标用户后，通过问卷的形式向其中的某一部分人群调查他们的浏览趋向。在初期，这种形式操作起来有一定的困难，创作者可借鉴其他问卷调查的形式，自行创作一份今日头条内容的问卷调查，发送给身边喜欢使用今日头条的朋友、同事等，请他们帮忙做一下调查。

征求用户的意见，可以有效地帮助创作者创作出更符合用户需求的内容，从而在运营上事半功倍。在征求意见方面，创作者需要在哪几个方面下功夫呢?

1. 内容

内容才是吸引粉丝的关键，创作者想要创作出用户喜欢的内容，首先要了解用户喜欢什么。如，用户经常阅读什么类型的内容？对内容有怎样的要求？喜欢纯文字还是图文结合……对内容的细节了解清楚，并运用到后面的创作中，就能快速吸引用户的关注。

2. 表现形式

除了内容符合用户需求外，内容的表现形式也要符合用户的审美。如，用户更青睐文章表达还是视频表达？是偏好轻松风格还是专业讲解……找到用户最喜欢的表达形式，提升对方的阅读体验，才能提高留存率。

3. 发布时间

创作者可以调查用户浏览今日头条的时间，找到一个大多数用户都方便观看的时间去发表内容，争取内容刚发布，就能被用户看到，提高点击量和读完率，以此来获得更多推荐。

总而言之，只有内容、形式和发布时间等都符合用户喜好的内容，才能获得他们的青睐，从而获得平台的认可和推荐。创作者在进行内容创作时，除了考虑内容的主题方向外，还需要重视用户的喜好，从而吸引更多用户关注。

三、提醒关注的信息

在阅读微信公众号的文章时，经常会看到作者在文章的上方或下方，提醒读者关注。研究发现，有很多粉丝在阅读喜欢的文章时，会因为这样的提醒而顺手关注账号。这个道理同样也适用于今日头条的账号运营中。

今日头条的账号运营包含了文章、图集、视频和问答等多种形式，在创作这些内容的过程中，若是创作者能将提醒用户关注的信息巧妙地与内容相融合，就能增加用户关注账号的机会。

创作者可以在文章的结尾多添加一句话：“感谢阅读（观看），关注账号获取更多精彩内容！”在用户本身对内容抱有好感的基础上，这样的提醒，就可以起到很好的作用。

若是创作者想要提醒更加醒目，可设计一张类似微信公众号上提醒用户关注的图片，引导用户去关注账号。

四、物质激励，关联用户

很多时候，明显可以获得的利益比语言更能打动用户的心。利用物质奖励，将内容与用户关联在一起，既能提高用户关注账号的动力，又能增加用户对文章的归属感，提高用户的留存率。同时，这也是创作者营销的一种方式。

物质激励的方式有很多种，创作者可根据自己创作领域的不同，去设置不同的奖励。下面，我们具体来看下有哪些方式。

1. 现金红包：明确的现金红包在众多物质激励中占有非常大的比重，当创作者想要吸引更多用户，或者需要激励用户转发时，切实的红包奖励能够极大地调动用户的积极性。而且，不论创作者主攻什么领域，现金红包都一样好用。创作者可以文章中设置：“将文章转发十次，即可领取现金红包。”类似这样的奖励，可以比较高效地激发用户的积极性，关注账号和分享转发。

2. 实物奖励：从众多粉丝中抽奖或者转发次数最多的粉丝给予奖励，这也是留住用户的一个很好的手段。而且，创作者给予的实物奖励最好就是自己推销的产品，既能增加用户对内容产品的印象，又能获取其好感。例如，创作者是做美妆类内容的，便可以将各种彩妆、护肤品作为奖品；创作者是做书籍相关内容的，便可以图书作为奖品等。

3. 服务：创作者也可以用一次专人服务当作奖励。如，创作者是一个美妆博主，就可以用一次帮助用户选择合适的护肤品和彩妆为奖励，激励用户关注和转发。这样不但可以增加用户与创作者之间的联系，而且还能向用户展示自己的专业水平。

除了物质激励外，创作者还可以从精神方面去激励、关联用户，通过满足用户的情感诉求，来获得用户的持续关注。通常而言，精神激励一般是从以下两个方面入手。

1. 互动

很多时候，创作者与用户积极互动，让用户获得成就感，能够在很大程度上增加用户的对内容的粘性。因此，创作者可以积极回复、点赞用户的留言。

2. 特权

别人没有而独你有的特权，非常能够起到激励用户的作用，增加用户对内容的兴奋感。创作者可以根据自身情况设定一些特权，激励、关联用户。

物质奖励与精神奖励并行，而且相辅相成，能最大程度提高用户对内容的归属感和转发的积极性，让内容被更多用户看到，形成一个良好的循环。

五、关键字自动回复

淘宝卖家经常会设置一些关键字自动回复，买家若是有什么问题，回复关键字即可得到答案，既节省了买家和卖家的时间，又能让买家及时获得需要的信息。在今日头条平台上，同样拥有关键字自动回复功能，创作者设定好规则后，用户在阅读、观看内容时，若是产生了疑问，私信创作者，回复关键字，即可获得答案。那么，创作者如何去设置关键字自动回复呢？

第一步：创作者在电脑端登陆头条号后，在右上角找到“信封”按钮下的“私信”选项，如图 6-1 所示。

图 6-1

第二步：点击“私信”选项，在页面上选择“关键字自动回复”，在跳转出的页面中选择“添加规则”按钮，如图 6-2 所示。

第三步：在“添加规则”页面，创作者可以发现有三项内容：规则名、关键字和回复。创作者即可进行信息设定，如图 6-3 所示。信息设定结束后，创作者便可以点击“保存”完成自动回复设置。

图 6-2

图 6-3

在设定“关键字自动回复”的过程中，创作者需要注意下面几个方面，以免违反平台规则。

1. 创作者最多可以设置 200 个规则，若是超出 200 个，则不能显示。每个规则是最多只能设置 10 个关键词和 5 条回复，回复的内容字数不可以超过 300 个。

2. 创作者若是设定了多条规则，那所有规则中不可以出现相同的关键词设置。在设置关键词时，创作者可以选择“精准匹配”和“模糊匹配”两个选项。二者的区别是：当用户将关键词设置为“精准匹配”时，用户私信的内容需要与关键词完全匹配才能触发自动回复；若是用户将关键词设置为“模糊匹配”，用户私信的内容只需要包含关键词就可以触发自动回复。但是，私信中包含的关键词必须完整、准确。例如，创作者设定的关键词是“歌曲推荐”模糊匹配，那么当私信收到“最新歌曲推荐”“好听的歌曲推荐有哪些”都可以触发自动回复。若私信收到的是“好听的歌曲”“最近热火的歌曲”则无法触发自动回复。

3.“关键词自动回复”功能支持文本、网页地址的回复，但是不支持图片、音频、视频、超链接等消息类型的设置。

4.若是创作者设置了多条回复消息，又选择了“回复全部”，那么当用户私信关键词时，系统会自动回复该规则内的所有回复。若是没有勾选“回复全部”，系统则会随即回复其中的一条。

5.创作者只有规则名、关键词和回复信息都填写完后，才能点击保存，三个选项都是必填选项。保存后，创作者依然可以进行内容的再次修改。

“关键词自动回复”可以很好地提高用户的粘性，当用户有了疑问，而创作者没有时间回复或者不在线时，自动回复即给予创作者一定的缓冲时间，留住用户，创造者一定要重视。

六、管理评论和常互动

今日头条有“评论管理”功能，创作者可以使用该功能管理用户的所有评论。对评论进行管理，有助于创作者了解用户的想法，并及时删除恶意评论。

进行评论管理还能及时和用户互动，在评论管理后台，创作者可以看到所有评论，在这些评论的下方，有推荐、回复、点赞、举报和删除五个功能选项。

推荐：即创作者认为用户的评论好，点击“推荐”按钮后，该评论将会置顶在所有评论首位。

回复：创作者对用户的评论进行回应，如感谢用户提出自己的观点、回复用户的疑问等。

点赞：对用户的评论点赞，表示赞同。

举报：对一些恶意评论进行举报，若通过平台审核，创作者可删除这些恶意评论，并且平台可能会封禁用户的账号。

删除：删除一些内容不好的评论。

创作者及时回应用户，多与用户互动，可以提高用户的兴奋性，更积极地参与到文章中去。无论是内容的点击量还是点赞数量、评论数量、收藏数量等，都会影响平台的推荐。这些数据越高，获得平台推荐的机会越多。

因此，若是创作者能积极与用户互动，提高各项数据，就能让内容被更多用户看到，形成一个良性循环，帮助创作者获取更多收益。

第七章　及时复盘：数据分析和收益分析

第一节　查看用户数据：了解你的关注者

数据，可以清晰、真实地向创作者反应账号的运营情况。查看用户的各项数据，可以帮助创作者掌握关注账号的用户的动态，面对用户流失及时想出补救的措施。同时，用户数据也可以帮助创作者更好地分析内容的创作方向。下面，我们来看一下今日头条上，用户的数据哪些。

一、新增粉丝数据

创作者登陆头条号后台，可以在“个人中心”一栏中找到“我的粉丝”选项，在“粉丝概况”下，查看新增粉丝数据。

新增粉丝数据，平台给出的周期为 7 天、14 天和 30 天，创作者也可以自定义时间。新增粉丝数据，可以有效地反应最近头条账号的运营情况，内容是否符合用户的喜欢。若是内容编写得好，一个周期内，新增粉丝就会多。若是内容编写得不好，一个周期内，新增粉丝的数量就会少。这样一来，可帮助创作者即使调整内容的创作方向。

二、取消关注数据

取消关注数据，即在一个周期里，有多少用户对账号取消了关注。取消关注数据越高，意味着创作者失去的粉丝数量越大。因此，一旦发现一个周期取消关注数据不断增高，创作者便要提高警醒，马上查看问题出在哪里，及时找到原因，并进行改正。只有随时关注着用户取消关注数据，创作者才能及时解决用户流失的问题，保持一个积极的账号运营状态。

三、性别属性数据

统计发现，今日头条男女用户关注的重点是不一样的。明确头条账号粉丝的性别比例，可以帮助创作者确定内容的创作方向。例如，若是关注账号的女性粉丝比较多，创作者可以从女性用户关注的点着手进行创作。若是关注账号的男性粉丝比较多，创作者可以从男性用户关注的点着手进行创作。

同一个领域，因为关注粉丝的性别不同，创作者的重点也不同。比如，创作者创作的领域是美食，女性用户关注的是食物的营养、健康等。男性用户关注得更多的是，食物的做法、美味程度等。

因此，明确头条账号粉丝的性别属性数据，可以让创作者更好地找准用户的痛点、用户喜好的内容，从而提高用户的留存率，提升内容质量。

四、年龄属性数据

不同年龄的用户对内容关注和喜好的点是不同的，头条号后台的年龄分布图可以有效地帮助创作者查看账号不同年龄的粉丝分布情况，从而确定内容的创作方向。创作领域的不同，吸引的粉丝年龄也会不同。

创作者可根据后台的年龄分布图观察哪个年龄段的粉丝分布比较多，然后对这个年龄段的粉丝进行分析，找到其共同的用户痛点。根据痛点去创作文章，可以引起更多这个年龄段用户的注意。而且，这样创作出来的内容，更符号用户的喜好。这样的内容越多，用户的留存率越高，最终成为创作者的忠实粉丝。

五、用户偏好关键词数据

围绕关键词创作，才不会使内容便偏离原定方向。例如，创作者本来想要写“好听古风歌曲”相关的内容，但是因为没有确定关键词，写出来的内容虽然也是与音乐相关。但是内容混乱，既有古风歌曲，又有现代音乐，同时还介绍了不好听的音乐。整体内容逻辑混乱，用户看得不知所云，自然也不会继续阅读或观看内容。

因此，创作者创作之前，需要确定整体内容的关键词，然后围绕关键词进行内容的编写。为了找到更好的编写内容的关键词，创作者需要对关键词数据进行分析，找到用户比较偏好的关键词。例如，创作者确定内容的创作方向是美妆，这里就需要对用户偏好关键词进行调查分析，看用户经常搜索的关键词是什么，“化妆教程”“怎样化妆”“黑皮肤适合妆容”……然后，取排名比较靠前的关键词进行创作，比如很多用户会搜索“化妆教程”，创作者将其作为整篇内容的关键词，做一个化妆教程。同时，创作者还可以对热门关键词进行深延，从“化妆教程”延展到“当下最流行的妆容”“很多妹子喜欢的职场妆”等，进一步迎合用户的喜好，就能精准地吸引目标用户。

六、地域属性数据

很多创作者在进行用户画像时，都会考虑不同地域对用户产生的影响。在头条号后台，会对账号粉丝进行地域分析。

不同地域的用户浏览今日头条时，关注的重点不同。根据今日头条的统计数据显示，广东地区的用户最喜欢阅读今日头条上的文章，山西地区最关心与时政有关的内容，天津地区的用户则最喜欢阅读八卦新闻，河北地区最喜欢看段子……

根据后台显示用户地域属性数据，创作者可以确定关注自己账号最多的是哪个地方的用户，为了留住这些用户，创作者就需要根据对方喜好去改变内容风格，以此提高用户的留存率。

当然，在迎合用户喜好的同时，内容中也应有创作者自身的思想闪光点，不能人云亦云，失去自己的风格。

七、共同用户数据

共同用户数据，即为今日头条与其他自媒体平台重合用户，如微信公众号、百家号、企鹅号、抖音小视频、火山小视频等。对共同用户数据进行分析，能帮助创作者实现自媒体平台间的互相引流，从而增加账号粉丝的数量。

共同用户数据分析比较复杂，需要创作者会营销，然后将其他平台的用户引流到今日头条上。抖音小视频、火山小视频、西瓜小视频等短视频平台上用户引流并不困难，因为这三个平台上的短视频本身就可以上传到今日头条平台，彼此间的用户是互相流通的。而创作者想要将微信公众号、百家号、企鹅号等自媒体的用户引流到今日头条上，就需要掌握比较好的运营引流技术，实现今日头条账号粉丝的爆发式增长。

八、终端属性数据

终端属性数据，就是用户登录今日头条使用的不同工具，包括电脑端、手机端、iPad 端。其中，手机端又分为安卓手机和苹果手机。

随着移动时代的到来，网络用户逐渐从 PC 端往移动端迁移，今日头条的移动端用户大幅度增长。根据今日头条发布的数据显示，今日头条移动端用户，iPad 仅占 3% 左右，iPhone 用户占 24% 左右，安卓用户占 73% 左右。

创作者在进行内容创作时，必须将用户使用工具因素考虑进去，这涉及到内容的排版问题。例如，创作者拍摄了一个与美食相关的内容，若是账号 PC 端用户比较多，创作者就需要横版拍摄，这更符合用户的观看习惯。若是移动端用户比较多，创作者就竖版拍摄，适应手机竖版的屏幕比例。从用户的角度出发，提高用户的体验，就能留住用户。

通过头条后台对各项数据进行分析，有助于创作者更加全面地了解今日头条平台的运营规则，以及用户需求等，创作出用户和平台都喜欢的内容，进而吸引和留存更多粉丝，获取收益。

第二节　内容数据：掌握你的推送情况

今日头条的各项内容数据，可以真实地反映出创作者的运营推送情况，从而鉴定运营是否有效果。创作者熟练掌握、分析账号内容的各项数据，才能在出现错误时及时止损，在内容爆发时，继续保持。下面，我们来看下，今日头条的内容数据具体表现在哪些方面。

一、概况数据：掌握头条号状况

今日头条账号的概况数据，可以反映出一个账号的基本运营情况。创作者登陆头条号后台，找到“今日头条”一栏下的“数据分析”选项，点击，即可进入“数据概况”页面，如图 7-1 所示。

图 7-1

在“概况”中，包含了多项内容数据，如文章量、推荐量、阅读量、粉丝阅读量和评论量。这些数据，可以帮助创作者清楚地了解账号运营的基本情况。比如，这个账号的文章数量，可以反映出一个创作者是否勤快。若是创作者注册成功后，几个月的时间只发表了几篇文章，却一直抱怨文章没有推荐，那就需要从内容的更新数量上找原因了。

而推荐量，则反映了文章是否受平台欢迎和认可，若是受平台欢迎，则推荐量数据会高。若推荐量数据过低，创作者就要警醒，查看内容哪里出了问题，是否违反了平台规定。

阅读量和粉丝阅读量是两个概念，或者说阅读量包含粉丝阅读量。有的用户点击观看了文章，但是并没有关注你，这就是潜在的粉丝群体。创作者需要想办法写出更多对方感兴趣的内容，或者增加互动，引导对方关注账号。

评论量，则是判断内容是否受欢迎的依据。一般而言，爆款内容的评论都比较多。无论用户是否喜欢这个内容，只要他评论了，就能让内容获得更多平台推荐。创作者可据此，来判别怎样打造一个爆款内容。

在页面的“数据详情”那里，平台会通过图表直观地反映出内容的各项数据，创作者可以选择 7 天、14 天、30 天等不同的周期，也可以自定义时间。同时，头条号后台还提供导出 Excel 数据表格功能，创作者可导出一个周期内的各项数据，进行详细分析。

在页面的最下方，有每天的数据显示，如图 7-2 所示，创作者可以每天对账号的各项数据进行监控。

时间	推荐量	阅读量	粉丝阅读量 ⓘ	评论量	转发量	收藏量
20191021	0	0	0	0	0	0

图 7-2

很多时候，数据才是最有说服力的。一个账号运营情况的好坏，完全可以通过数据来表现。创作者要学会对账号的内容数据进行分析，才能更好地运营。

二、图文分析：优化内容，提升阅读量

头条号后台“数据分析”一栏中还有一个“图文分析”，即对图文形式的文章进行数据统计。图文分析的各项数据包括标题、推荐量、阅读量、评论量、收藏量、转发量和操作，如图 7-3 所示。

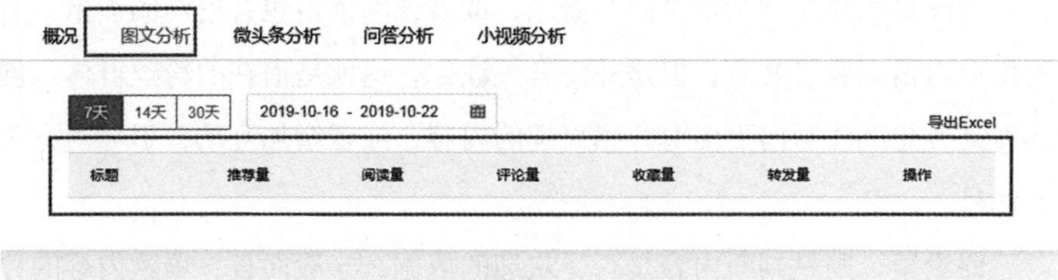

图 7-3

标题，就是用户点击标题的数量，这可以与用户的读完率相对比。若是标题的点击量很高，而用户的读完率比较低。那么，标题很可能会被平台判定为“标题党”。所以，创作者要经常观察标题的点击量。

推荐量，平台推荐文章的数据。推荐量越高，意味着文章的质量越高，也能被更多用户看到。若是创作者发表了一篇文章后，一个周期内，文章的推荐量过低，创作者需要立刻寻找问题出在了哪里，是图片形式不对？还是出现了敏感信息？又或者是文章内容质量不高？弄清楚了问题出在哪里，创作者才能对症下药。

阅读量，用户阅读文章内容的数量。这个数据可以真实地反映出文章内容质量的好坏，质量优质的内容，会吸引着用户一直阅读下去，进而阅读量很高。

评论量，用户在文章下面留言的数量。当一篇文章比较符合用户的阅读需求，那么他们就会积极地参与到文章中评论文章，与创作者互动。

收藏量，即用户收藏文章的数量。

转发量，即用户将头条号的文章转发到其他自媒体平台，如 qq 空间、朋友圈、微博等。

这几个数据之间是互相影响的，标题点击数量越高，意味着有更多的用户阅读文章。只要质量过关，那么文章评论量、收藏量和转发量都会提升，从而提高平台的推荐数量。创作者要形成分析数据的良好习惯，这样有助于创作者有针对性地去优化文章内容。

三、视频分析：精细化数据促进运营

视频分析，主要针对的是创作者在今日头条上发表的短视频，包括西瓜小视频、火山小视频等。视频分析也是从标题、播放量、评论量、收藏量、转发量、平均进度和操作这些方面进行数据分析。

与图文分析不同的是，视频分析没有了阅读量数据，多了播放量和平均进度的数据，如图 7-4 所示。

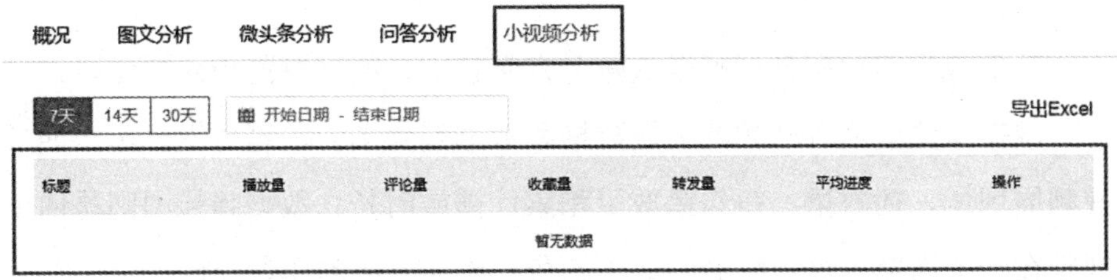

图 7-4

播放量，即为用户点击播放视频的数量。

平均进度，即为所有用户平均播放视频的进度，因为有的用户可能点开看了几秒钟就关闭了，有的用户可能看到一半就退出了，而有的用户则会将视频全部看完。

对小视频的各项数据进行分析，可以帮助创作者及时发现运营中存在的问题。除了“小视频分析”可以帮助创作者进行数据分析外，若是想要了解更加详细的视频数据，创作者可以在头条号后台点击“西瓜视频”下的“视频数据”，了解西瓜视频的具体运营状况，如图 7-5 所示。

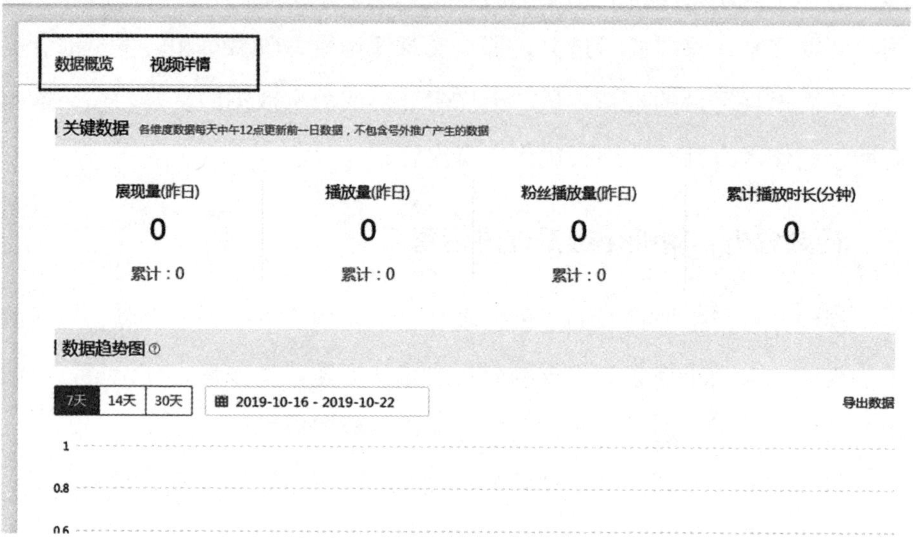

图 7-5

西瓜视频的数据分析可以从两个方面着手：数据概览和视频详情。

数据概览里包含视频的关键数据和数据趋势图，关键数据显示出西瓜视频展现量、播放量、粉丝播放量和累计播放时长。数据趋势图则是西瓜视频在一个周期内每项数据的变化趋势，更加方便创作者分析。

视频详情，为创作者提供具体视频的数据分析，创作者只要输入视频标题，便可以在下方查看这个视频的具体数据。

不过，西瓜视频下的数据分析只能为创作者提供与西瓜视频相关的数据。若是创作者上传了抖音小视频和火山小视频，那只能观察小视频的整体数据。

相对于图文创作，视频创作难度更高一点。详细的数据，可以向创作者反馈视频的真实创作和运营情况，从细节方面优化视频内容。

四、单篇图文——分析用户阅读体验

创作者想要分析用户对于账号图文的阅读体验，可以提出单独一篇图文进行分析。单篇图文可以从转化率、阅读来源、用户属性等三个方面入手。

1. 转化率

转化率，是衡量一篇图文价值的重要因素，可以直观地反映用户是否乐意为文章买单。图文的转化率越高，意味着文章越优质，传播效果越好。一般而言，转化率分为两种：图文转化率和一次传播转化率。

图文转化率，即为整体用户阅读转化情况，包含已经关注的粉丝和没有关注的用户。转化率越高，说明着创作者的运营比较成功，用户对文章的整体阅读体验也比较好。

一次传播转化率，指的平台给关注账号的粉丝推送文章后，用户会马上阅读或者将文章分享到其他自媒体平台。一次传播的转化率越高，意味着文章的内容越受用户欢迎，可以帮助创作者维护粉丝的稳定，提高粉丝的粘性。

2. 阅读来源

分析文章的阅读来源，可以帮助创作者开发更多获取粉丝的渠道。今日头条上的文章，大多用户都是来源于平台，但是有一些用户也可能来源于二次传播。如，有的用户将文章转发到朋友圈，有的好友就会点击观看，达到二次转播的目的。因此，创作者除了要利用好平台推送外，还需要在文章中引导用户转发分享。同时，多在文章的内容上下功夫，用户看得有趣或者获得了价值，就会自愿转发。

3. 用户属性

分析阅读图文的用户属性，创作者能够更精准地定位目标用户，从而针对目标用户进行运营推广。

当创作者的某一篇图文成为爆款文章后，可以进行着重分析。从标题、内容和排版三个方面分析其火爆的优势，并且将这些优势延续到其他文章中去。

五、总体图文——两大角度提升阅读量

提升阅读量，对于文章非常重要。从总体图文的角度分析，创作者怎样做才能提升阅读量呢？其实很简单，创作者只要做到标题有吸引力和内容有话题性即可。

1. 标题有吸引力

今日头条在给用户推送文章时，用户第一眼看到的就是标题。因此，一个有吸引力的标题可以很大程度上提高文章的点击量。若是没有吸引力的标题，用户可能只会一扫而过。

怎样拟定一个有吸引力的标题，创作者可以收集平台上的爆款文章，套用其标题公式。或者，在标题中添加相关的热点关键词，能迅速抓住用户的眼球。提升标题吸引力的方法有很多，创作者可以根据自己的需求进行标题的创作。

2. 内容具有话题性

具有话题性的文章内容，往往可以吸引用户的注意力，让他们阅读完。用户在被标题吸引点进文章后，若是发现文章内容枯燥无趣，也没有提供什么有价值的信息，有很大的可能用户会退出文章，造成大量用户流失，从而降低文章的读完率。

想要留住用户的最有效办法就是增加内容的话题性，在文章中适当抛出问题，吸引用户思考，或者在文章中提供情感故事引起用户的共鸣。只要是可以吸引用户阅读的话题，创作者都可以有针对性地运用到文章中。

编写文章时，创作者要在这两个方面下功夫，有吸引力的标题与具有话题性的内容相配合，能为用户带来比较强力的吸引力。

第三节　用户兴趣热度分析：得出最高占比

对用户的兴趣热度进行分析，利用排名比较靠前的兴趣热词进行创作，既能及时地蹭热点，又能引起用户的兴趣。怎么对用户的兴趣热度进行分析呢？可以从下面几个角度进行分析。

一、创建偏好文章类型和关键词数据表

在编写内容前，创作者可以先统计用户偏好哪些类型的文章，还有用户关注的热门关键词有哪些，将其制作成数据表，并进行排序。这样，可以帮助创作者选取更好的题材和关键词，创作出用户喜欢的内容。

下面，我们来看下怎么去创建偏好文章类型和关键词的数据表。

在确定文章类型方面，创作者首先要明确平台上的文章种类有哪些。在今日头条上，文章的分类有很多，科技、财经、军事、旅游、育儿、国际、养生、探索、美食、科技、搞笑、历史等十几个种类。创作者可以根据用户的偏好，将这些种类进行排序。除此之外，创作者还需要对内容的风格进行排序。在确定领域后，选择一个用户比较喜欢的风格进行创作。

关键词数据表，本质上就是对热词的分析。分析用户喜欢搜索哪些关键词，然后创作者根据自己的需要，围绕热词展开创作，以此来吸引用户点击。

在头条号后台的“功能实验室”选项下有一个“热词分析”功能，就是为创作者提供当下平台的搜索热词有哪些。创作者可以根据平台提供的关键词做一个关键词排序表，在排序表中，创作者可以顺便对关键词进行深延，尽量列举相关的关键词，方便创作者择取。

根据热度来确定内容的类型和关键词，从用户的角度出发进行内容的编写，吸引用户看完内容。

二、突出显示占比最高的数据信息

一个完整的内容，是由多条不同的信息组成的。这些信息，就是创作者想要展示给用户看的。一般而言，信息彼此间的重要性是不同的。创作者先抛出用户比较感兴趣的点去吸引注意力，然后再抛出其他信息论证和支持最重要的信息，从而形成一个逻辑清晰，重点突出的内容。

那么，创作者怎样才能找到占比最高的数据信息呢？那就需要创作者善于收集信息，并且擅长对收集到的信息进行分析。

当内容的主题确定之后，创作者便会开始收集与主题相关的关键词，确定几个关键词后，围绕关键词进行创作。创作者可以先制定一个表格，将所有相关关键词都放进表格中，进行热度排序。然后，选取热度最高的关键词作为内容的核心点，用其他信息来支持和衬托这个核心点。

突出显示占比最高的数据信息，其本质就是创作者能够抓住用户的痛点，创作出用户的喜欢的内容。因此，创作者要学会分析用户的需求，找到用户最迫切需要的，才能持续获得用户关注。

三、创建有相同受众的平台数据统计表

当下，自媒体平台有很多，如头条号、微信公众号、百家号、企鹅号等。很多头条号的创作者同时运营着好几个自媒体账号，而这些自媒体账号的受众有一定的重叠。

创作者运营头条账号时，确定了目标群体后，可以做一个其他自媒体平台目标群体的数据统计表，分析目标群体在其他自媒体平台的兴趣、喜好、搜索关键词和活跃等。将总结出来的结果运用到头条账号的运营中，既可以节省创作者的摸索时间，又能尽快帮助创作者吸引用户关注。

四、创建各平台受众活跃情况对比表

了解平台用户的活跃度，可以帮助创作者确定这个平台是否适合自己发展。今日头条的用户活跃度比较高，创作者找到运营技巧后，可以获取不错的收益。

创建一个不同平台受众活跃情况对比表，可以帮助创作者快速了解哪些领域的用户比较活跃，从而在运营头条号时，选择一个适合自己用户又比较活跃的领域，在运营初期就能快去获取比较好的结果，为后续的运营奠定坚实的基础。

不同平台受众活跃数据，创作者可以通过“企鹅智酷”数据平台或自媒体后台自带的数据分析来统计数据，能够得到更加精确真实的数据。

第八章　广告投放，如何成为今日头条运营高手

第一节　广告设计

在今日头条上，每天不仅有大量的信息，还有很多广告内容，这些广告如果设计感不强，是无法在海量信息中让用户留意的，因此，广告设计是运营者必须掌握的一项技能。

一、制作亮眼的横幅广告

横幅广告，在业界称为banner，是以图片形式展现的广告，因为这个广告图横向充满浏览器，所以叫作横幅广告。横幅广告随处可见，在电商平台上用得最多，可见其地位之重，有人不禁要问："短视频是当下最流行的广告形式，为什么横幅广告还会有如此重要的地位呢？"因为图片是最基础直观的媒介，在App的信息流中，图片能在最短时间内吸引用户的注意。

人们在App上滑动信息时，肯定会有这样的现象：有的图片很有吸引力，用户会停留观看、点击，有的图片没什么吸引力，用户直接跳过不看，这不仅和用户的兴趣有关，也和图片的设计有关。横幅广告是图片信息中最重要的类型，它的设计制作需要注意的点很多，尺寸、文件大小、文件格式等是最基础的要求，而图片风格、调性、颜色、信息层级、标志、商品、文案、模特等是设计的重点。

1. 风格

今日头条是信息类App，它上面的横幅广告风格应力求简约，如图8-1所示，这个横幅广告的

图8-1

设计风格就是简约风格，内容非常清晰，用户能够在短时间内抓住有用信息。

2. 调性

图片调性就是图片的色调，一般来说，图片主色调为单色要比多色更吸引用户，如果图片用的是单色有质感的照片，就更有吸引力，点击率会增加 10% 以上。

3. 颜色

每种商品适合使用的颜色是不一样的，比如美妆适合用温暖的肌肤色、清新的叶绿色；食品适合用软糯的酥黄色、润口的粉色、爽脆的绿色，如图 8-2 所示；电子产品适合用带有科技感的蓝色，使用这些颜色远比其他颜色的点击率要高。

图 8-2

4. 信息层级

横幅广告中的元素分为五类：背景、商品、模特、文案、辅助元素，这些信息搭配不当，就会影响整体效果。一般来说，横幅广告中的商品、模特、文案是最突出的元素，它们要清晰，不能互相遮挡，摆放的位置应符合审美规律；辅助元素可以被遮挡，要放在次要位置。

5. 商品

商品是横幅广告中最重要的信息，在广告图中占据最重要的位置。商品要素中影响点击率的是商品数量，研究发现，商品数量在 3 个以上时，点击率会变高，所以美妆、食品广告图中会摆放很多商品。但是，如果广告图中没有商品，点击率也会很高，这和用户的好奇心有关，比如口红广告图中只出现了性感红唇的轮廓，用户的好奇心就会被点燃。

6. 文案

文案的设计必须站在用户角度，必须让用户第一眼看清广告的主要信息，在设计时要根据“卖点”来突出主要信息，比如主打的是优惠促销、商品、节日还是旗舰店等。但是，由于网络的飞速发展，主要信息已不限于这些了，有些设计师将丧文化或嘲弄性质的信息突出显示，也获得了很高的点击率，比如有一条加湿器的文案是这样写的：“年轻人的上班时间，都有一定的水分。”这种广告就非常亮眼。

7. 模特

模特对点击率的影响非常大，因为模特的颜值、数量、明星效应都会对用户产生诱惑力。模特的颜值和明星效应自不必说，如果没有明星代言，模特的脸部也不完全出镜，那么模特数量就是很关键的因素。研究发现，模特的数量在 3 个以上时，点击率会很高。

8. 标志和按钮

如果广告中要放置企业标志，那么标志必须放在主要位置，因为标志也具有吸引力。按钮上一般都有文字，它除了点击跳转功能，还具有行为刺激作用，比如“抢”“点我”“现在注册，立即优惠”等。

除了以上这些设计关键点外，横幅广告还有一些设计技巧，比如制造反差、让人联想、带有话题等。

1. 制造反差

制造反差的目的是使广告超出人们的预想，这样人们就会点击，比如零食产品的广告具有奢侈品的感觉，就会超出人们的预想。但是奢侈品不能设计出零食产品的感觉，因为这样设计没有达到人们的期望值。所以制造反差的重点是提升品牌在用户心中的定位，力求超出其期望值，而不是降低其期望值。

2. 让人联想

让人联想也能提高产品的档次，广告的主色调就有让人联想的作用，比如化妆品广告的粉色会让人联想到肌肤的粉嫩，食品广告的绿色会让人联想到水果的清脆爽口。能够让人联想的方式很多，比如德芙巧克力的“纵享丝滑”就让人联想到丝滑的内衣质感，有些家用电器的广告会让人联想到家的温馨。

3. 带有话题

如果广告中带有话题，自然会提高点击率。比如广告中的文案有这样一句话：“你给微信好友备注的最奇葩名字是什么?”很多用户都会点击浏览。

一个亮眼的横幅广告，能快速吸引用户的眼球，进而产生更多的点击，提高购买率。在投放广告时，一定要将图片的颜色搭配的亮眼一点。

二、制作图文推送广告封面

今日头条每天都在推送海量的信息，要想让用户注意到广告，就要设计好广告封面。在设计广告封面时有很多需要注意的点，比如图片、文字信息等，因为图片会最先吸引用户，所以图片的重要性最大。

有些运营者在设计广告封面时，使用的图片就是横幅广告，这在前面已经说过，这里要说的是其他注意事项，如图片数量、内容、风格等。

1. 图片数量

最常见的广告封面上一般有一张或 3 张图，但也有例外，如图 8-3 所示，图片如果很多，就不能再在图上添加太多文字了，不然就会让用户产生不适。

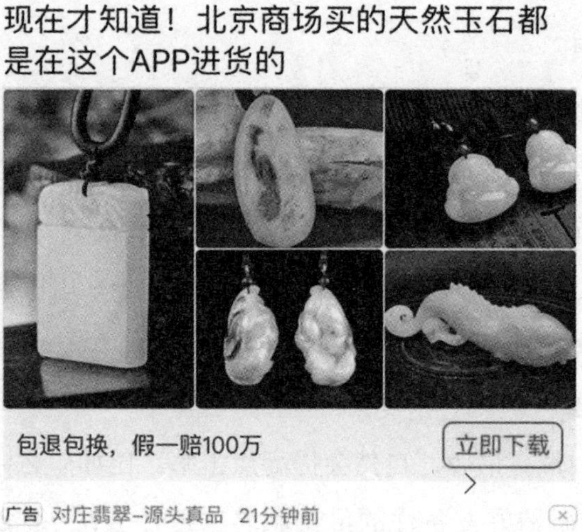

图 8-3

2. 图片内容

封面图片可以用照片、banner、图文等，如果用照片，最好由专业人员拍摄，必须保证照片的品质，要体现出产品的质感、档次、情怀等；如果用图文，图片中的文字必须清晰，风格要和图片一致。另外，今日头条平台规定，封面图片必须与内容相关，更不能有违规内容。

3. 图片风格

品牌都有自己的固定风格，反映在封面图片中，就是图片的风格，各个企业的广告封面风格几乎是保持不变的。常见的封面风格有纯底色风、分析报告风、信息风、品牌特色风、行业风等。

纯底色风就是背景用的纯色，这让广告主体信息一目了然，而背景的底色会让广告在信息流中比较显眼。

分析报告风和信息风就是图片更像一张 PPT，这种封面一般出现在信息类广告中，会显得更专业、更简洁。

品牌特色风就是图片中会体现出品牌的风格，而且一般会有企业

Logo，如图 8-4 所示，这是耐克的广告，图片中心就是企业 Logo，非常具有品牌价值感。

图 8-4

行业风就是广告中具有同一行业都有的共性，如图 8-5 所示，这是中国电信手机的广告封面，图片中的色调和水纹质感是电子科技的风格。

图 8-5

相对于图片来说，文字就不需要花费太多时间设计了，只要注意文字字数和主要信息即可。文字字数不能太多，不能超过两行，必须尽可能体现出最主要的文字信息，除了产品信息外，广告中往往还有一句吸引用户关注的话，比如“现在才知道”等。

第二节　广告投放

在广告设计完成后，就要在头条平台上投放了，投放广告也要讲究策略，必须考虑投放广告的方式、广告要触达的用户，这样才能收到较好的效益。

一、设置广告投放途径

今日头条有着强大的人工智能算法和很大的用户群体，充分整合了文章、视频、媒体资源和企业资源，所以运营者在头条平台上投放广告可以获得很好的浏览量。

今日头条上的广告一般有三种类型：开屏广告、信息流广告、详情页广告，开屏广告就是用户打开软件时，在启动页出现的广告，这个广告结束后才会进入软件主页，这种广告不常见，费用很高；信息流广告就是在头条的信息流中出现的广告；详情页广告是位于文章中最下方的广告。

用户点击这些广告后，会有三种结果，一是跳转到下载应用界面或App Store，二是跳转到应用程序中；三是跳转到H5落地页或详情页中。

这些广告途径的设置是在平台后台中，在电脑中进入后台后，点击“新建广告组”，在创建页面中选择“推广目的”，可以看到“文章推广”“落地页”“应用下载”三种推广目的。

设置好具体途径后，要设置“录入文章”“下载链接”或者“落地页链接”，然后按要求添加广告要素，如图片、文字或视频。

选择投放途径根据的是广告的推广目的，如果推广目的是增加阅读量，就要选择落地页或详情页，落地页中应以小图为主，因为后台会控制大图的数量；如果推广目的就是让用户下载应用，那么就可以省掉落地页，选择跳转到下载，这种方式可以节省成本，所以平台上以这种广告居多，如图 8-6 所示。

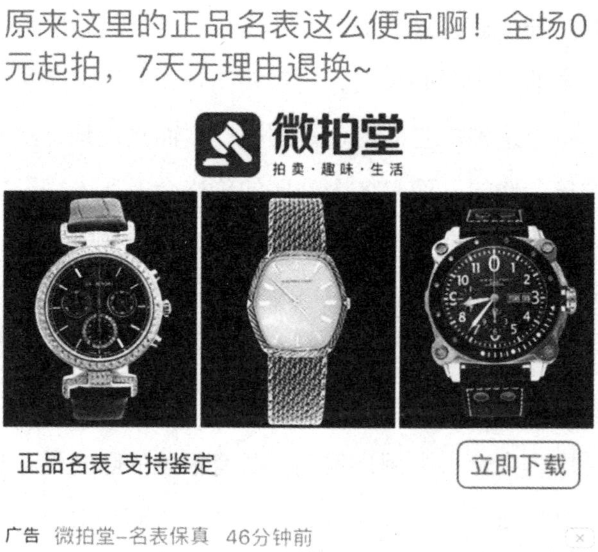

图 8-6

二、推广人群要精准

由于今日头条和大量的传统媒体、自媒体签约合作，内容极其广泛，用户量极大，所以在头条上投放广告会有很大的阅读量，但接下来的问题是广告怎样触达精准的用户。广告商发现，头条具有很多优势，比如头条的内容分类标签很精细，对用户的数据分析很精准，能够给用户推送他们喜好的信息，这些优势可以方便他们精准定位。

在网络上，广告费用一般都较贵，如果用户点击量很低，那么广告的效率会很差，另外，即使广告推送机制很完善，可是广告关键词、图片等内容不吸引用户，广告也无法达到目的，所以广告商不仅要选好平台，还要推敲内容，摸准用户痛点。

今日头条为了满足不同广告商投放广告的需要，推出了很多种广告形式，比如启动页广告、固定位置广告等，广告商可以根据这些广告的特点来精准投放广告。

1. 启动页广告，触达每个用户

启动页广告的展示时间很短，一般是 3 到 4 秒，但是每个用户打开软件都能看到，所以这种广告的触达范围很广，而相应地，这种广告的费用也很高，是按日计费的，而且各个地区的价格会有所不同。广告商投放这种广告一般是要向大众展示信息，比如招商信息、活动信息、App 推广信息等，如图 8-7 所示。

2. 固定位置广告，触达本城市用户

今日头条在城市频道的固定位置设置了广告位，比如第 4 条消息一般是广告，这种广告会让很多用户看到，具有很强的曝光性，这种广告的费用也很高，也是按日结算。选择这种广告的广告商一般是为了让当地用户看到，比如城市定位为“北京”的用户可以看到当地的种牙广告、房屋出租广告等，如图 8-8 所示。

3. 按展示量收费广告，触达精准用户

今日头条为了让广告精准触达有需要的用户，并降低广告费用，推出了按展示量收费广告，这种广告以千次为展示规模，并据此收费，所以收费很低。这种广告在推送给用户时根据的是已经定好的关键词，比如地区、用户喜好、用户需求等，所以广告商需要思考广告关键词，比如手表广告如果定位成奢侈品，推送给的用户就是小资买家，如果定位成生活用品，就会推送给大众用户。

图 8-7

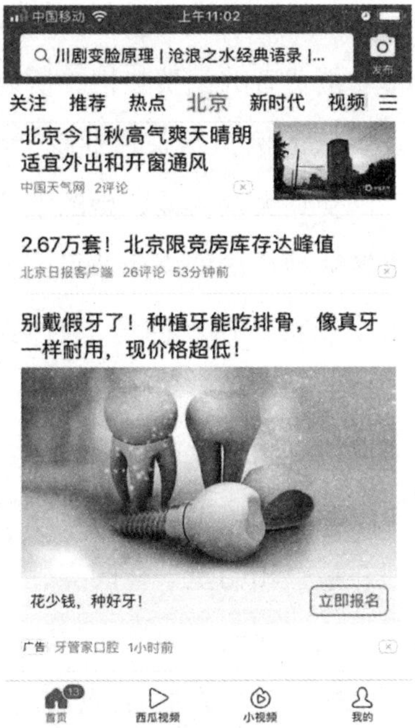

图 8-8

4. 按点击量收费广告，提高广告效率

因为很多用户看到广告不会点击，很多广告没有收到很好的效果，所以产生了按点击量收费的广告，用户只有在点击之后，平台才会收取广告费。这种广告更适合广告商寻找精准用户，因为用户点击之后，他的行为数据就会被系统获取，他是否有需求，或者需求和广告是否一致，都会被记录下来，广告商可以根据数据来校准广告关键词。

由于今日头条上的广告功能很多，广告商可以根据自己的需要和用户习惯来制定合适的功能，比如 App 下载广告直接放置下载链接，房屋出租广告会设置电话按钮。

三、强强联合，利用明星效应

明星由于具有很高的吸引力和关注度，所以成了广告商争相利用的营销方式。明星不仅受人喜爱和追捧，还会引人模仿、创造潮流，而这些效应会带动消费者的消费热情，所以大型企业都会找明星代言。

以奶茶为例，奶茶企业找当红女星代言广告，这位女星本身人气很旺，不仅受到大众喜爱，她的歌曲也被广泛传唱，她的知名度非常高，而她在出席活动、参加娱乐节目或者拍摄电影、短视频时，身上的装扮都会吸引大众模仿，这就创造了时尚潮流。在代言奶茶广告时，她白皙的皮肤、柔滑的衣裙和旋转的舞步都会让人联想到奶茶的特质，奶茶的形象通过她体现得淋漓尽致，企业的知名度也大大提高了。

用户在看到这个广告时，除了会生出对明星的喜爱之情，还会产生效仿心理，希望和明星一样闪亮，或者是追求炫耀心理，希望能得到明星的青睐并以此为谈资，而最有效的办法就是购买明星代言的产品。

在电视时代，人们看到自己喜欢的明星代言广告，都想把这段广告保存下来，但是电视没有这种功能。在手机可以播放广告的时代，用户不仅会保存图片、视频，还会把这些图片、视频发到朋友圈，间接地为广告做了一次宣传，所以明星效应不会过时，只会越来越受到广告商的重视。

一般来说，明星代言产品都是为企业提高知名度，但也有一种情况是企业本身知名度极高，明星代言产品反而让明星提高了身价，这种强强联合更会让明星的粉丝激动不已。就像《北京欢迎你》这首歌中出现了很多明星，但这些明星一般都是歌坛精英，如果粉丝找到了自己喜欢的明星，他就会欢呼雀跃，心里感觉明星的地位很高，还会和别人激动地聊这个话题。

广告商在找明星代言时，为了提高广告效益，需要遵守两大原则：一是明星要在对应的用户群里有知名度，二是明星只是代言人，不能超越产品。

很多明星不能长久保持知名度，也有一些明星在他最红的时候有知名度，后来虽然还很活跃，但是大众不再追捧他了，特别是娱乐节目的“造星”运动几年就会打造出一批明星，如果广告商找的明星和产品用户不对应，广告效益自然不高。比如厨具一般是中年人购买的产品，广告商就应该找中年人最喜爱的明星来代言，如果找“小鲜肉”来代言就势必不能吸引所有用户。

明星代言产品的目的是为产品提高知名度，可如果明星的风头太大，用户看过广告之后只记住了明星，对产品毫无印象，这就对产品没有意义。一则广告，既能塑造了产品形象，又让用户记住了明星，这才是最理想的双赢结果。

四、内容策略，紧跟热点

在广告营销中，借势营销是最受广告商青睐的营销方式，因为紧跟热点就会上热搜，就会大大提高阅读量。在今日头条上，热点事件会出现在搜索推荐词里，相关广告的搜索量就会大幅度提升。热点包括节日、热点事件、热播影视剧、热门歌曲等，这些热点会有轰动效应、会引起人们的好奇心，但是追热点有以下几个原则不能违背，否则就得不偿失了。

1. 热点必须与产品有关

很多广告商在热点事件出现后，就想着怎么紧跟热点，但是产品和热点的关联不好找，如果强行为产品和热点配对，用户看着就很别扭，转化率肯定不高。

2. 热点需要用正面事件

负面事件会引起大众悲伤、反感，广告上有了这些负面信息，肯定有一部分用户不愿意观看，比如明星出轨事件。

3. 注意热点的时效性

热点都有时效性，一般来说，热点发生后的 6 小时内是蹭热点的黄金期，在这个时段内，人们对热点有非常大的好奇，而平台上还没有出现铺天盖地的相关广告，这个时候追热点就会让用户看到。一旦过了黄金期，平台上已是海量热点信息了，用户对这些蹭热点的广告感觉烦了，而且你的广告不可能在同一热点广告中有太大的传播率。

自媒体人在蹭热点时可以遵循 5 个步骤：一是找到产品的关键词，二是找到热点的关键词，三是将热点关键词与产品关键词联系起来，四是寻找创意，五是合理表达。

1. 找准产品关键词

了解自己的产品才能与热点联系起来，了解自己的产品，就需要知道自己的产品有哪些关键词，比如产品的功能、特点、优势等，从这些方面入手可以罗列出很多关键词。

2. 分析热点关键词

热点事件必然有很多方面可以分析，就以歌曲来说，歌词、歌手和歌手的家人都可以找到关键词，比如周杰伦出新歌就引来了很多话题。

3. 分析产品和热点哪方面可以联系起来

既然产品和热点的关键词都有了，再分析怎样融合二者就不难了。

4. 创意切入热点

蹭热点的广告很多，怎样脱颖而出就取决于这一步，总体来说，想要有创意，就要超出用户期望，或者从用户想不到的点来切入，用户对广告有惊喜，就是广告的成功。

5. 合理表达，选择传播方式

热点广告有很多，用户怎么在众多广告中看到你这一份是很关键的，比如图文广告、视频、长文等。

追热点有很多种方式，一般来说，广告商会在标题里给出热点关键词，方便用户搜索，可也有人不在标题里体现关键词，而是用大众更为熟知的人名、地名等，比如“热剧来疯 98：马可拔剑怒指乔振宇：禽兽，放开那个女孩”这个标题，这个短视频是新剧的宣传视频，可是新剧中的明星更为大家熟知，所以直接给出了明星的名字，用户看到这个宣传视频就会点击观看。

第九章　转化获利，让值钱的头条号直接变现

第一节　广告高效变现

今日头条的盈利方式一直是以广告变现为主，所以推出了很多广告功能，而且为了让创作者获利，头条也为他们开通了很多广告业务，因此，很多原创作者纷纷涌入了头条，希望在头条中借广告业务获得收入。头条的广告有很多种类型，自营广告、平台广告、软文广告是创作者们盈利最多的模式，此外，创作者们在作品中植入广告更是屡见不鲜，可以说，创作者只要找到适合自己的方式就能获得收益。

一、自营广告

对于自媒体人来说，流量红利期已基本结束，标题党文章非常让人反感，已无法有效吸引用户，流量池一般聚集在优质内容和垂直领域。今日头条为了让创作者获利，开发出了自营广告，自营广告或许会成为自媒体人变现的一大途径。

（一）自营广告的类型

自营广告是今日头条特有的一种广告形式，头条创作者可以接广告商的广告，将其放在自己的内容中展示，然后根据阅读量赚取收益。自营广告可以宣传自己的品牌，也可以给别人宣传活动、产品等广告信息，也可以提供 App 下载链接等，具体可分为以下 3 种类型。

1. 创作者为自己的品牌打广告

广告内容可以是自己的产品、服务、文章等，将广告与自己的网站进行链接，这样阅读广告的用户就能了解产品，或被导流到创作者的网站中实现变现。

2. 给广告商展示广告

由于今日头条的信息可以触达每一个用户，有些广告商会看中阅读量很高的文章，就会主动找创作者洽谈，而创作者也可以发布合作信息。除了以上情况，还有其他情况，比如有人是接到广告后才在头条上开始运营，这种创作者有自己的资源，广告商可能是淘宝卖家，也可能是拼多多商家等；也有的创作者为他人引流，比如在文章中推荐他人的文章。如果没有广告资源，今日头条还提供了中介平台，加入管群，里面就会为创作者介绍广告商。

3. 自营广告推广他人的头条号

今日头条平台给予了这种方式很大的福利，不会对推广头条号行为有任何限制，不用审核就会上线。

（二）怎样开通自营广告

开通自营广告需要在电脑上设置，登录今日头条后，在“个人中心”/“我的权限”/“账号权限”中开通即可。上传广告的步骤如下：在系统中找到自营广告，如图 9-1 所示，点击之后可以设置自营广告类型、行业等，然后按要求上传图片或视频以及企业资质等材料。

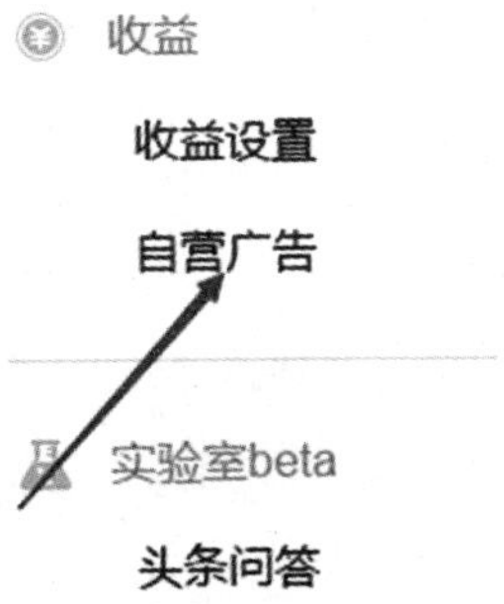

图 9-1

（三）自营广告的规则

虽然自营广告为创作者提供了很大的福利，但是也有一些不可违反的规定，特别是在行业、违法类、虚假劣质类、不当操作方面有很多详细规定。

今日头条禁止投放的行业广告有医疗保健、彩票金融、两性、微商、二类电商等。

违法类广告包括邪教、反党反政府、黄赌毒、买卖发票、非法传销、枪支弹药等武器、恶意宣传重大灾难或事件的。

不当操作是指在同一天内反复提交同一素材的广告。

二、平台广告

平台广告就是今日头条平台将自己接的广告放在运营者的广告位上来展示，运营者可以分得广告收益。平台在投放广告时的根据是内容类型、质量等，而给予运营者分成的根据是广告阅读量等。

这种广告变现方式是被动的，创作者很难有主动的作为，在开通平台广告的权限之后只能坐等平台投放广告。但是提升广告阅读量是创作者可以办到的，创作者可以从两方面入手，一是提升内容质量，二是探索内容类型。

因为只有先提高内容质量，才能提高阅读量，所以内容要讲究技巧。研究发现，高阅读量的内容都有共同点，在封面、标题、神转折等方面下足了功夫。封面、标题非常吸睛，自然会让用户点击浏览，比如“抹上这款产品，我白得让他犯了规”“陈太太，你嫩嫩的肌肤让我想入非非啦”等标题就会让人们产生好奇，点击之后人们发现内容非常好，就会点赞，而标题党文章无法让人读完，人们也无法看到广告，所以平台广告肯定会投放在标题、内容俱佳的文章中。

由于广告一般位于文章底部，而人们在阅读到一半时就会产生疲倦心理，所以神转折是让读者坚持读完的一种技巧。比如有的文章中前面分析三国人物，后面画风突变，开始分析与三国人物匹配的跑车，这种方式的目的一是让读者振奋起来，二是往大众产品方面靠，平台分析出文章与汽车有关，就有可能投放相关广告。

文章的内容类型决定了广告的类型，平台不会将广告投放到毫无关系的文章中，也不会投放到冷门的文章中，所以创作者需要确定自己文章的大体类型，比如女性话题、亲子教育、游戏、娱乐等，大众化的类型不仅拥有大量读者，更会受平台的青睐。

开通头条广告需要在电脑上设置，登录今日头条后，在“个人中心”/“我的权限”/“账号权限”中开通即可，如图 9-2 所示。

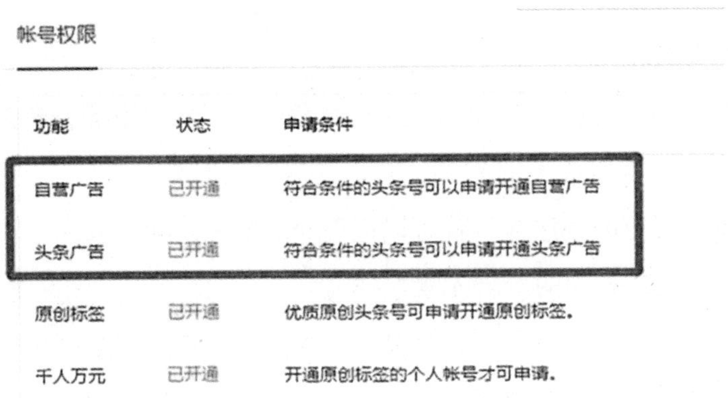
帐号权限

功能	状态	申请条件
自营广告	已开通	符合条件的头条号可以申请开通自营广告
头条广告	已开通	符合条件的头条号可以申请开通头条广告
原创标签	已开通	优质原创头条号可申请开通原创标签。
千人万元	已开通	开通原创标签的个人帐号才可申请。

图 9-2

三、软文广告

软文广告就是把品牌或产品信息写成宣传文章刊登到媒体上，这种广告的特点就是“软”，不是强行让用户接收广告信息，而是春风化雨、润物无声地将广告传递给用户。

软文广告会让用户产生兴趣，比硬广告少一些商业味道，所以用户接受起来相对容易。软文广告中一般以某一个话题为主，以广告为辅，这个话题会激发用户的兴趣，但也因为话题的读者是某一个群体，所以接受人群较少，比如一篇软文广告主要论述的是金庸小说，其中穿插了一些广告，阅读文章的人群必然是对金庸小说感兴趣的，而这些人中对广告感兴趣的必然只占几成，所以广告的转化率不高。

今日头条上的读者对知识、新闻等很感兴趣，所包装成故事、新闻等的软文广告很常见，创作者从中可以获得不少收益。他们的软文广告都有一定的技巧，下面这三个技巧必不可少。

1. 标题吸引人

标题吸引人不是做标题党，内容也需要精彩。软文广告的标题有很多技巧，可以设置悬念、令人惊讶等，总之，要让人看到标题就有点击文章的冲动。

2. 内容要有料

不同的主题会有不同的读者，这些读者也有不同的审美，有人喜欢精彩的文笔，有人喜欢优美的故事，有人喜欢最新时事，再加上一些亮点，如真知灼见、可行的办法等，就可以把观众的情感调动起来。

3. 体现软文广告中的广告元素

有些作者的文章写得很好，可惜广告太隐晦，读者很难看出来，广告的效果也就没有达到。要体现广告，又不让读者反感，一般有两种方式，第一种是巧妙借用相关事物引出广告，比如一篇软文中有相声贯口：“蒸羊羔儿、蒸熊掌、蒸鹿尾儿、烧花鸭、烧雏鸡、烧子鹅……”后面却改成了“红焖大虾、京酱肉丝，醉八仙开业大酬宾，全场八折”，读者看到此处，自然知道是广告，但是也毫不反感；第二种方式是在文章最后给出广告，因为读者已经看完全文了，对最后的广告也不会太反感。

软文广告根据文体类型还可以分为很多种形式，如故事型、新闻型、议论文型、美文型等，故事型就是讲述故事，在故事中引出广告；新闻型就是追热点、报道新闻，然后给出相关广告；美文型的文章整体是一篇美文，但美文的目的是打广告；还有名著解读、科普知识、搞笑幽默等类型的文章都可以做软文广告，创作者可以根据自己的擅长和广告内容选择合适的文体。

四、广告植入

不少创作者接到了广告商的合作，他们的作品中就会出现广告元素，这些广告为他们带来了不错的收益。

调查显示，广告商会根据创作者的粉丝量、阅读量等来定价，但是单价波动很大，所以粉丝量大的创作者会获得可观的收益。但是，如果创作者的作品数据相差很大，比如有的作品阅读量超过十万，有的只有几千，考虑到广告转化率，广告商就会压价。另外，有些创作团队缺少谈判人才，导致无法应对广告商的压价，获得的广告费也很低。

创作者几乎都明白，用户非常讨厌在作品中硬植入广告，所以他们想出了很多种方式，有语句植入、台词植入、实物植入、场景植入、风格植入、文化植入等。

语句植入和台词植入是最常见的方式，台词植入就是视频中的台词出现了产品或产品相关的信息，语句植入是文章中的语句出现了产品信息，这两种方式本质上完全一样。这种方式要让用户感觉与整个作品很和谐，或者广告信息很有趣，他们才会接受。比如有一篇文章中调侃《笑傲江湖》中的田伯光，说他为了和令狐冲喝酒，特意到“谪仙楼”中偷了两坛美酒，而这美酒的名字叫“水井坊”，这就是将“水井坊”的品牌植入了文案中，读者看到这里，如果不知道水井坊，就会查资料，而知道的人会感到很有趣，这个品牌给人留下的印象就很深。有些创作者还想出了逆向推广的方式，在作品中批评讽刺广告植入，但品牌的信息很突出，而用户也很乐意接受，广告植入的效果也非常高。

实物植入就是在视频中给产品一个特写镜头或者在文章中插入产品图，这种方式也很简单，在电影、电视剧中屡见不鲜。在短视频出现后，这种植入方式更是带火了一大批商品，汉服、包包、化妆品等产品的销量蹭蹭上涨，因为实物可以直观呈现在用户眼前，这比以往的图文广告要更加有说服力。

场景植入就是将广告商的场景作为背景，比如很多视频创作者将旅游地作为背景，带火了一大批旅游景点，如图 9-3 所示，视频的主要内容是舞蹈，而背景揭阳楼就是旅游景点的植入。

图 9-3

风格植入就是将品牌的风格植入了作品中，这种方式要求很高，因为没有明显的品牌信息，只是用品牌文化和风格来触达用户。比如很多人对黑芝麻糊的广告印象很深，广告里有个小孩戴着瓜皮帽，一身清朝服饰，在喝完黑芝麻糊后将碗添得很干净，而它的背景音乐也让人记忆犹新，创作者只要模仿广告的风格，就能让很多用户想起来黑芝麻糊。所以风格植入的方式必须唤起人们的记忆，必须找到品牌给用户留下的印象是什么。

文化植入是广告植入方式的最高境界，使用这个方法的一般是百年老店，这就像是灯笼、舞狮等都有中国风的味道，使用文化植入的方式就是用品牌中很常见的物件让用户看到所代表的品牌。

第二节　原创内容变现

头条平台给予了原创作者很多变现机会，如签约、分成、补贴、打赏、合作等方式，创作者可以根据自己的优势来找到适合自己的方式，从而提高变现能力。

一、签约

为鼓励作者创作、提高创作者收益，今日头条设立了很多措施，比如“千人万元计划”“月薪万元——新作者扶植计划”等，为作者提供签约机会，成功签约的作者可享受每月一万元的薪酬。

和平台签约就像是签订了劳动合同，平台会保证作者的收入，这可以说是作者最有保障的变现途径。其中，“千人万元计划”会和个人头条号签订合约，只要作者符合平台要求，均可报名参与，被平台选中的作者可享受每月不低于一万元的保底工资；“月薪万元——新作者扶植计划”会和 50 位优秀新作者签约，签约后将给予他们每月 4000 元保底收入，最高可达一万元薪酬。

“农村阿凯”的创作者刘志凯就是“千人万元计划”中的一员，他的短视频主要拍摄农村生活，如图 9-4 所示。他放弃了有稳定收入的工作，回到家乡，买来专业拍摄设备就开始创作起了短视频，历尽艰辛才有了打开了知名度。在他创业的过程中，他几乎没有收入来源，还要独自一人背运设备上山下山，熬夜剪辑视频，遇到的困难是一般人无法想象的，但他依然坚持不懈，终于获得了成功，而“千人万元计划”也让他有了稳定的经济来源。

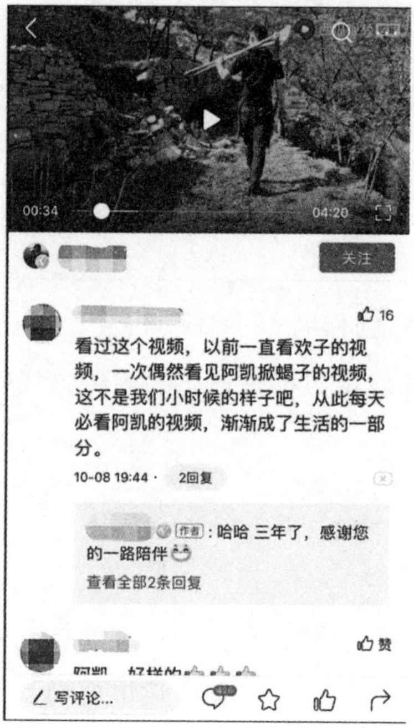

图 9-4

和平台签约的作者不仅可以享受薪酬，还可以受到专业人士的指导，比如今日头条会推出很多活动来奖励新人作者，新人作者只要和平台签约，可以受到优质账号的培训和推荐，平台也会大力扶持，对其及其作品进行快速认证和优先送审。

除了和平台签约，创作者还可以和企业、广告商、经销商等签约，为他们输出文字、视频等。比如有一位女性专栏作者擅长写爱情故事，有家女性产品企业看上了她的文笔，就和她签约，她每个月需要为企业写 10 篇广告，她的广告也深得女性喜欢，如《瘦腿打底袜，女王节我负责你的美》。她不仅有了广告稿费，还会有广告分成，年薪可以达到 20 万。

除了为企业写广告，不少作者会选择和图书公司、新媒体公司签约，为其撰稿、拍视频等，比如一位自媒体作者和图书公司签约，每年为公司写几本书，书中的内容都是他的原创，或者是他头条号上的文章，此外，他还需要负责策划图书、运营公司公众号等业务，每年的实际收入在 30 万左右。

二、分成

创作者想要从头条平台获得分成，一定要度过新手期，即头条指数达到 650，粉丝超过 2000，因为新手期粉丝少，阅读量低，只有很少的收益。创作者想要通过文章获得更多分成，就要先获得“原创”标签，因为平台鼓励原创内容。

除了作品能带给创作者分成外，头条的分成方式还有很多，比如 App 导流分成、淘宝客分成、线下服务引流分成等。

App 导流分成：App 导流分成就是给 App 下载提供渠道，App 运营者根据下载量给予分成。这种方式和广告变现方式差不多，创作者为 App 提供下载渠道，可以是文末的广告，也可以是其他链接方式，只要有用户点击进入了 App 下载界面，创作者就可以分成。

淘宝客分成：淘宝客就是帮助淘宝商家做推广的人，在头条平台上，创作者也可以帮助淘宝商家推广产品，淘宝商家会根据创作者的引流规模给予分成。创作者在头条上做淘宝客有很大的优势，因为头条平台的用户数量多，推荐机制完善，推广信息可以精准地推送到用户端，另外，头条对淘宝客推广产品也很支持，因为头条平台有一部分收入就来自淘宝分成。创作者想要做淘宝客，也需要度过新手期，而且开通商品功能时，要绑定淘宝联盟的 PID。头条对于淘宝客的分成是按照下面的公式计算的。

技术费 = 总佣金 *10%

头条的分成 =（总佣金 - 技术费）*30%

创作者分成 =（总佣金 - 技术费）*70%

线下服务引流分成：很多服务业看到网络的优势也想借助网络扩大

影响力，而创作者也发现为服务业导流可以获得收入，所以头条上出现了很多线下服务引流的信息。头条平台本身就可以为服务业引流，所以在头条上经常可以看到当地的植牙广告、房展广告等，而创作者在自己的作品中植入信息，也可以为服务行业引流，这类文章一般是关于餐厅、按摩美容馆等的介绍、小故事、美文，服务行业按照引流人数给予创作者分成即可。

三、补贴

过去几年，今日头条推出了很多补贴政策，比如“千人万元计划”“礼遇计划”等，后来今日头条还投入10亿元补贴短视频创作者。看到头条的补贴这么诱人，很多自媒体人都涌入了头条，而头条依然不断投入高额补贴，为创作者提供了足够的收入。

平台给予创作者补贴，不只是让创作者有生活保障，更是为了吸引自媒体人，今日头条补贴的效果非常明显。在“千人万元计划”出台之前，头条号只有3.5万个，一年后就达到了30万个，而短视频补贴的效果更明显，字节跳动旗下的火山小视频、西瓜视频、抖音等都获得了很高的流量。而今日头条的补贴还在继续。

2018年，今日头条又投入了10亿元补贴悟空问答的答主，并且推出了一系列措施鼓励用户使用悟空问答，这让悟空问答的用户非常活跃，每天提出的问题超过3万条，回答超过20万条。

很多自媒体人看到头条的补贴都想获得收益，头条在各个方面投入的补贴确实很诱人，这种变现方式也很实际，但是靠平台补贴并不是自媒体人长久的变现方式，因为补贴主要是为了吸引流量，一旦流量饱和，平台就不需要使用补贴战略了，因此，自媒体人还需要找到适合自己的有效变现途径。

目前，自媒体人有平台的补贴，可以思考做长远准备，比如打造IP，而且在发布作品时一定要首选头条，因为头条有很完善的检索系统，在头条上首先发布的作品才会得到平台青睐，也才会有补贴。

四、打赏

头条为了让创作者们获得更多收益，为原创作者开通了打赏功能，也就是说，只有开通了原创功能的作者才能受到打赏。在很多平台上都可以见到打赏，这种赞赏作者的方式已经被很多用户接受了，如果用户感觉作品很优质，得到了自己的认同，或者对自己非常有用，他们就有可能给出打赏。

头条上的原创作品无论是文章还是视频，都有打赏功能，如图 9-5 所示，文章的打赏按钮位于文末，文章结束后还有搜索板块，所以用户难以看到这个按钮；视频的打赏按钮也比较隐蔽，所以打赏的用户不多。此外，用户点击打赏按钮后，弹出的支付界面中，可选择的最低金额为 5 元，用户想要打赏其他金额需要点击“其他”按钮输入金额，虽然很多用户会打赏 1 元，但是显示的最低金额会让用户产生误会，这也不利于打赏的成功。

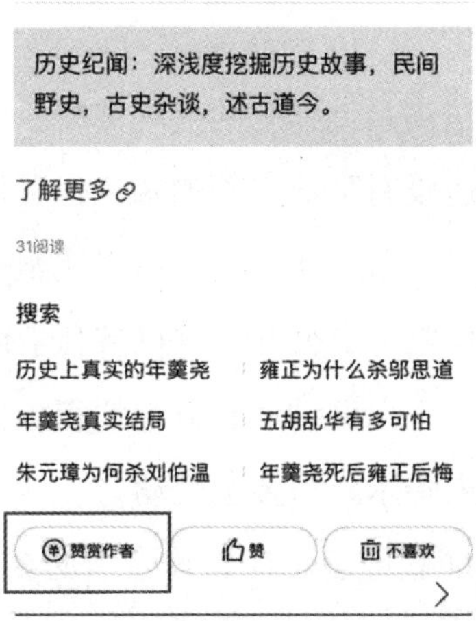

图 9-5

统计显示，单支优质作品的打赏平均在10元左右，如图9-6所示，有很多原创作品没有受到打赏，而受打赏较多的单支作品也不过四五十元，这是因为乐意打赏的用户还比较少，而平台的信息很多，如果他们对很多作品都打赏，他们就会缩减单支作品的打赏金额。

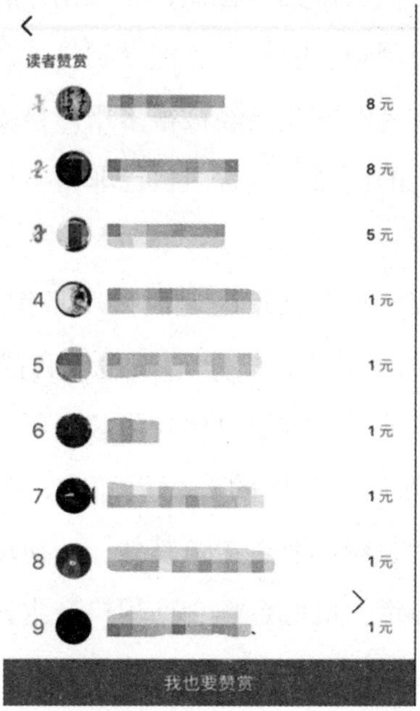

图9-6

虽然打赏目前还无法满足创作者的变现需要，但是人们已有了给创作者报酬的行为，而现在还没有形成完善的知识付费模式，所以打赏依然是很不错的变现途径。而且头条声明，打赏所得完全交给作者，平台不会从中抽成，而每个用户的打赏都会公开，这也有利于调动作者的积极性。

对于作者来说，其实可以调动读者打赏的积极性，方式有很多，比较有效的方式有两个：文末暗示、与金主互动。

因为平台的打赏功能较隐蔽，所以作者有必要在文中鼓励读者打赏，但是太明显会惹读者厌恶，所以需要用暗示等方式。比如有作者在文末说自己为了写文，最近两天一分收入都没有，穷得快吃土了，可看打赏里也没有人给赏，质疑自己是不是江郎才尽了，用户看到后，有可能生出同情之情，就可能会给打赏。

作者在看到有人打赏后，不要嫌少，更不要对打赏的人置之不理，这些打赏的读者不只是认为作品不错，他们也会有和作者交流的愿望，作者可以加他们好友，也可以给他们发消息，他们看到后会非常激动，他们的打赏积极性会被进一步激发。作者如果有了固定的打赏读者，那么也就有了固定的金主和固定的收入。

五、合作

合作变现的方式也是头条上一项重要的变现方式，创作者可以和广告主合作，也可以和其他创作者合作。和广告主合作就是给广告主写软文广告，和其他创作者合作就是互推头条号或文章。除了这些方式，作者还可以和特殊行业合作，为其撰写文章或向特定人群发布作品。

有一些特殊行业缺少文案手，他们想推广或传播自己行业的东西比较困难，就会找文案手来写作，头条的作者就可以和他们合作，但是，这些行业都有一定的专业性，所以作者必须有一定的专业知识。比如，某个餐厅想宣传自己的品牌，可是不会创作，他们就会找短视频创作者合作，拍摄的短视频才会受粉丝欢迎。还有一些专业要求更高的行业为了提高影响力，需要和创作者合作。比如天文类行业为了吸引感兴趣的读者，会寻找合作伙伴，创作者需要擅长英语翻译、天文知识才能胜任。

有些企业希望让特定的用户看到文章，以此来进行变现，他们也会找创作者合作，这些创作者的作品都是符合企业专业性的。比如钓鱼产品的信息必须要触达钓鱼爱好者，其他读者没有意义，企业就会找钓鱼文章的创作者合作，他们的粉丝都是钓鱼爱好者，这非常方便企业销售产品。

第三节 了解加速变现的落地政策

除了广告变现和原创内容变现等方式，今日头条还推出了很多计划和战略来帮助创作者提升实力、实现盈利，比如“千人万元计划”“礼遇计划”“青云计划”和“创业孵化”等，优质作者了解了这些平台规则后，就可以根据自身特点参与其中或努力提升自己的实力。

一、“千人万元计划”

在“头条号创作者大会”上，张一鸣曾宣布未来要大力扶持优质内容的创作，因此，今日头条推出了“千人万元计划”。这个计划的具体内容是在平台中选拔1000位优质内容创作者，这些创作者将获得每月1万元报酬，另外，平台还会给予这些创作者课程培训、产品支持等。

与“千人万元计划”相应，今日头条还推出了“百群万元计划”，鼓励创作者群体创作，比如几位创作者成立工作室，而今日头条将从中挑选出100个群体创作者，给予他们每月两万元的补贴。除了资金扶持，这些头条号还可以享受普通头条号不具有的权利，比如给粉丝定向推送消息等。

总体上说，“千人万元计划”是创作者的福音，有一部分优质创作者获得了平台的奖励，他们除了广告收入外，有了更加稳定的保障，这一项收入可以保证他们继续创作。

“千人万元计划”对内容的阅读量、播放量等数据不是很看重，而对内容质量非常重视，所以很多阅读量较高的头条号没有被平台选中，这引来了一部分人的疑问，所以应该怎样创作才能被“千人万元计划”选中成了头条号创作者的共同问题。“千人万元计划”奖励的是优质内容，有人每天写的字数很多，但不管内容是否优质；也有人认为自己的内容非常好，足以媲美李白杜甫，但实际上很平庸；还有的作品是标题党，虽然阅读量大，但是内容令人讨厌，这些情况都很常见，所以没被评选上都是内容问题。

头条号“寒木钓萌”是知名作家，他的作品《末世敲门声》《武器的天堂》拥有很多读者，如图 9-7 所示，由于原创内容质量高，被“千人万元计划”选中，一直在享受平台薪酬。但他在入驻平台的时候并没想过获得“千人万元计划”的青睐，只是看好头条这个平台。

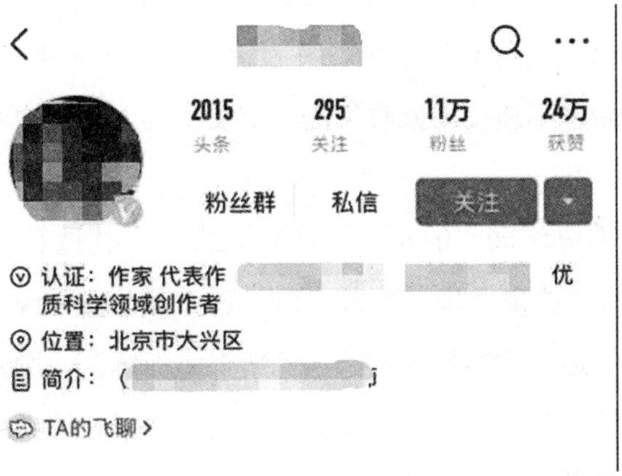

图 9-7

“寒木钓萌”针对创作者的疑问给出了自己的见解。他认为“千人万元计划”肯定是对原创的保护，此前，有些网络平台随意使用原创者的文章而不通知作者，这种侵权现象在头条上几乎杜绝了，而给予原创者奖励肯定是对作者的尊重。他建议创作者不要冲着“千人万元计划”而创作，这种功利性创作只会催生三分钟热度，根本上还是要提高自己的写作能力，只有能力提高了，内容才能达到平台要求。

二、“礼遇计划”

今日头条为了鼓励创作、鼓励作者发表优质内容，推出了“礼遇计划”，头条平台每个月都会向至少 100 位优质内容创作者发放 1 万元奖励。

每月初，头条平台就会对所有符合条件的作者进行评估，在每个月的15日前公布获奖名单，符合条件的作者可以在后台的“活动”模块“礼遇计划”中查看相关信息。“礼遇计划”不同于“千人万元”等计划，它每个月奖励的作者是不同的，而且奖励的是上个月的作品最突出的作者。创作者被选中后，会收到平台的通知短信或邮件，然后等待平台发放奖励就可以了。

创作者想要入选“礼遇计划”，也要符合一定的条件，头条平台规定，创作者只要开通了“原创”功能，并没有入选“千人万元”“百群万元”等计划，而作品也不违反国家政策法规或没有其他违规内容，就有可能被“礼遇计划”选中。

头条号“历史纪闻”的运营者就曾获得过“礼遇计划”的奖励，如图9-8所示，这个头条号是“青云计划”获奖者，被平台评为历史领域优质创作者。这位运营者参加过头条学院新媒体训练营，刚开始的阅读量很低，但后来阅读量就取得了突飞猛进的发展，在“礼遇计划”推出的第五个月，这个运营者就被选中了。

图 9-8

这位运营者之所以能够获得“礼遇计划”的奖励，与他的勤奋好学分不开，他的学习能力非常强，在他学习的过程中，他能够把握重点、发现别人的优点。例如，他听到热点问题可以吸引读者后，开始向热点靠拢，并发现了别人文章中的优点，随后活学活用，打造出了自己的特点。

由此可见，想要获奖的作者们还是要以创作优质内容为重，更要坚持下去，这样才会有获奖的可能。

三、“高佣扶持计划”

在“高佣扶持计划”出台前，头条平台就推出了“商品”功能，作者在头条上发表作品时，可以添加商品，当然，这些商品必须是与内容高度有关的，如果商品成交，作者即可获得佣金。而“高佣扶持计划”是在此基础上给予创作者更高比例的佣金。

在“高佣扶持计划”中，作者获得的佣金比例可以用百分比来展示。无论创作者是否入选“高佣扶持计划”，总佣金的 10% 都要算作阿里技术服务费，剩下的 90% 要分配给创作者和头条平台，如果作者没有入选“高佣扶持计划”，那么平台会收取总佣金的 45% 作为服务费，剩下的 45% 才是作者佣金；如果创作者入选“高佣扶持计划”，那么总佣金的 63% ～ 80% 都会支付给创作者，剩下的 10% ～ 27% 是平台服务费。

由于“商品”功能的限制是只允许添加与作品内容高度相关的商品，而对商品的渠道、价格等没有规定，所以很多创作者会添加淘宝、微商、京东、拼多多的商品，这些渠道的商品种类丰富，总会有和作品内容相关的，所以创作者可以添加的商品范围很广，这种变现方式有望成为创作者最重要的经济来源。

“商品”功能的开通条件是粉丝超过 2000 人，指数达到 650。添加商品需要打开“发表文章”，在功能栏里找到“商品”按钮；然后在弹出的“选品库”里选择商品分类，在分类中搜索要添加的商品即可。

四、“创业孵化”

今日头条创作空间是今日头条旗下的内容创业孵化器，今日头条的创业孵化战略是为创作团队提供办公地点和办公服务，此外，今日头条还会为创业团队寻找融资渠道、获取资源，并为其展开培训。

今日头条在 2017 年为 80 多个内容创业团队提供了帮助，依靠今日头条的帮助，这些团队获得了很大的提升，不少团队获得了融资。今日头条为了招收创业团队，举办了几十次活动，在报名的团队里选择了优秀团队，给予他们线下集训、同行互动的机会。

为了方便对创业团队的集训，今日头条创作空间落地各个大城市，目前，北京、上海、武汉、杭州、成都、深圳等地都有了今日头条创作空间，比如今日头条在浙江的首个实体创作空间位于拱墅，和浙江省的互联网、电商等行业一起促进创业，对浙江省的创业者进行培训和提供服务。

受到今日头条创作空间孵化的知名创业团队有新世相、办公室小野、酷玩实验室等，可以说，这些团队的成功离不开今日头条的创业指导和服务，他们或者有了办公地点、融资渠道、广告变现渠道，或者受到了公司运营指导和平台运营指导，还拥有了今日头条的内部资源，增加了就业岗位。

报名今日头条创作空间的团队有很多，但是入选的较少，不仅是因为这些团队创作的内容很优质，还因为今日头条设定了一些条件，比如创业团队创作的必须是泛内容，团队也要有一定的实力，包括粉丝数和原创能力；入选的团队要有商业计划，商业计划越完善越好，因为如果没有商业计划，团队很难运作下去；如果创作团队制作的是短视频，那么就会收到今日头条的优先考虑，因为短视频是当下的风口；团队如果拥有一定的资金储备，那么将会获得平台青睐。

五、“国风计划”

头条号平台推出的“国风计划”是为了宣传传统优质文化，这个计划鼓励创作者创作与传统文化有关的作品，为了方便创作者创作，头条平台专门设置了“国风”频道，并建立了“传统文化素材库”，创作者可以在素材库中搜索材料。

打开今日头条客户端，在频道中选择“国风”，我们就可以看到传统文化相关的内容，如图 9-9 所示。传统文化内容是各个浏览器、信息渠道等都存在的内容类型，因为很多用户受传统文化熏陶，对传统有较亲切的喜爱，所以创作者们都会利用传统内容导流，但是目前的传统文化内容良莠不齐，内容时类型较单一，有很多是标题党，或者是歪解名著。“国风计划”的目的就是鼓励创作者创作更多类型的传统文化内容，所以头条平台上出现了很多国学名著、书画诗词、民间工艺、国粹民俗、民间故事、建筑国宝等，这些内容都会获得平台的推荐，在“推荐”频道中推送给用户。

图 9-9

由于很多素材稀缺，平台特意建立了“传统文化素材库”，平台将搜集到的各类图片、视频、音频等放入素材库中，如果创作者有需要，可以随时免费到素材库中检索。素材库中的素材涵盖了非遗文化材料、书画材料、传统工艺材料等，相当于一个大型音像图书馆。这个素材库极大地方便了创作者，如果没有这个素材库，创作者就需要亲自到各地博物馆等地方寻找素材，这无异于大海捞针，有了素材库，创作者的创作热情和效率都得到了大幅度提高。

“苏州狮子林，名字确实令人费解，狮子在哪里？”“故宫布局上有个小讲究，东西两边这些建筑都不是随便建的”……这些古建筑中被游客所关注的问题就可以在“宫殿君”的作品中找到答案。如图 9-10 所示，“宫殿君”是历史问答专家，专注于研究古建筑、古代贵族生活，粉丝已达到 240 多万，这得益于“国风计划”，他的作品变现就很可观了。“宫殿君”还会发布抽奖活动，中奖的读者可以获得纪念礼物，这也为他吸引了不少新读者。

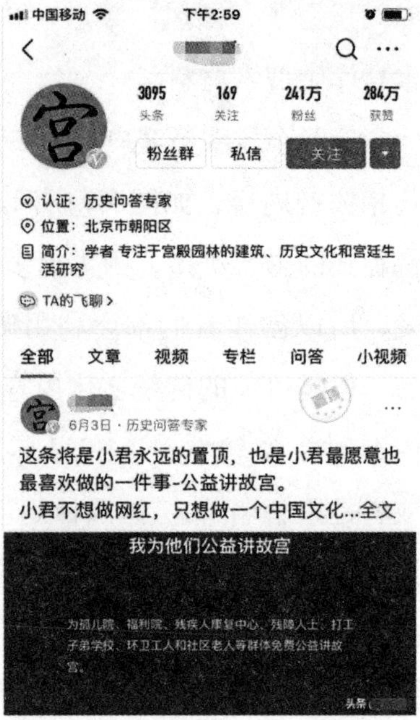

图 9-10

六、“青云计划”

头条平台推出的“青云计划”也是以现金奖励的方式鼓励原创，这个计划的内容是每天奖励 100 篇左右图文原创，每篇获奖的原创会收到 300 元现金；每月奖励 20 篇长文，每篇获奖的原创会收到 5000 元现金；平台还会和 1000 个创作者签约，这些签约作者每月可获得 2000 ~ 4000 元现金，而且在发文后有流量加持。

这些奖励稍有区别，每日奖励的是个人头条号或群媒体的原创文章，每月奖励的是新闻媒体和群媒体的报道性文章，字数要求是 2000 字以上。

这些奖励措施确实激发了创作者的创作激情，不少创作者在努力提高自己的创作水平。特别是这个计划不区分新用户和老用户，而获得过奖励的创作者还可以再次获得奖励，有些刚入驻头条平台的创作者就凭借几篇优质作品获得了现金奖励，所以他们不用再考虑平台是不是把自己排除在外了，只要坚持创作就有可能获得收入。

“青云计划”不同于“千人万元计划”和“礼遇计划”，“千人万元计划”和“礼遇计划”奖励的是优质内容创作者，而“青云计划”奖励的是优质文章，而且奖励范围更广，频率更高。需要注意的是，签约“千人万元计划”的创作者不能再获得“青云计划”奖励，而获得过“礼遇计划”奖励的创作者还可以获得“青云计划”奖励。

创作者想要入选“青云计划”，必须遵守相关规则，最重要的就是原创，搬运、模仿的作品肯定不会入选，伪原创也是没有机会的。其他要求还有字数、图片、内容质量、原创权限等。

字数要求：字数太多或太少都是不可能获奖的，一般来说，字数要控制在 3000 ～ 5000 字，平台规定字数要在 1000 字以上，但是 1000 字太少，作品几乎体现不出作者实力，也不能将事理分析透彻；而 5000 字以上是无法参与评价的，而且在网络时代，读者很难阅读完一篇长文。

原创权限要求：原创权限也是决定作品能否被平台审阅的，作者要在发文前勾选原创权限按钮。

图片要求：图片没有硬性要求，但不能没有，创作者可以根据作品的字数来添加图片，一般六七百字需要添加一张图片，全文如果在 3000 字左右，就需要五六张图片。此外，图片的尺寸、格式、分辨率都没有固定要求，只要清晰即可。

内容质量要求：一般来说，获奖的作品都是有深度、稀缺性高、有干货的文章，如果创作者的文章内容有很多人写过，创作者能够写出深度和干货也是有机会的。

如果创作者获奖了，头条平台就会给创作者发送通知，获奖次日就可以在“我的收益”中查看奖金是否到账，获奖的下个月才能体现。

第四节　更多变现方式

头条上的变现方式还有很多，如果创作者擅长回答某类问题，就可以在悟空问答上回答问题进行分成；如果创作者的粉丝量巨大，就有可能获得融资；如果创作者的账号价值较高，也可以转让账号获利；另外，创作者申请版权后还可以保护自己的权益，并通过版权获利。

一、悟空问答分成

由于今日头条平台投入 10 亿元补贴悟空问答答主，所以自媒体人在悟空问答答题可以获得收益。因为很多答主在悟空问答里获得了可观的收益，所以有些创作者将悟空问答当作了变现的主要方式。

悟空问答的收益是以阅读量和粉丝数做参考的，阅读量越高、涨粉越快，收益就越高。收益是以红包的形式发放的，但必须开通“收益”权限，这个权限有两种开通方式，一是平台主动为用户开通权限，平台在评估答主的回答是优质回答后，才会给用户开通权限；二是被别人邀请答题，这种方式开通权限的概率较高。但是开通“收益”权限后，也不是每个人都能获得红包，平台只会给优质回答发放红包，所以答主要努力提高答案质量。

经过分析那些获得收益的回答，可以发现，这些回答都有基本规律，比如很多答主是问题领域的达人，这说明他们很擅长回答这些问题。而回答的字数基本在 300 字以上，回答中一般会有图片，但是这些回答不是强行凑字数，而是有干货；这些回答都比较合理，不会引起读者的反感，如果涉及专业知识，这些回答也头头是道、通俗易懂。

悟空问答分为普通用户提问和粉丝提问，回答粉丝的提问会收到很高的收益，一般是普通用户提问的 20 倍，所以刚开始做悟空问答的收益不高，在粉丝积累到一定程度后，收益才会有突飞猛进的变化。据调查，某个领域的回答达人一个月的收入可以上万，而有一定粉丝数的答主也能收入上千，基本保证了收入来源。

悟空问答上的回答都是有一定技巧的，总的要求是详细、通俗易懂。如图 9-11 所示，问题是“历史上有没有哪位皇帝是在国家就要灭亡之际力挽狂澜的”，而答主给出的答案很详细，他主要讲述的是明代宗朱祁钰的故事，虽然很多读者了解土木之变这段历史，但是更多的读者对历史不了解，如果答主省略一些情节，读者就难以点赞、分享，而这位答主给出的答案既有故事全貌，又有细节，就会受读者欢迎，自然会受到平台推荐。这位答主在撰写答案的时候，是有一定逻辑的，第一段是总述，接下来是详细讲述，最后是评述，这种结构很简单，但是读者在阅读时的体验非常好，所以受到了平台推荐。

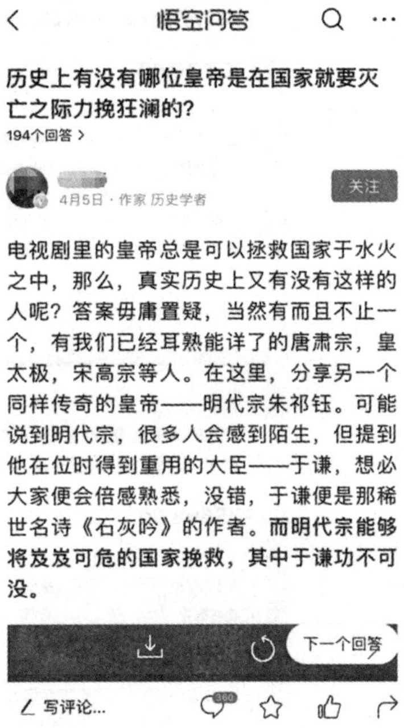

图 9-11

二、账号转让获利

最近几年，由于自媒体迅速发展，想要进入这个行业的人越来越多，这些人想要获得大量粉丝，只靠自己辛苦运营远远不能满足需求，而购买达人的转让账号就成了一条捷径，由此而产生了账号交易平台。

由于今日头条现在成了很有前景的平台，头条账号获得了自媒体人的青睐，所以头条账号的交易越来越频繁了。如图 9-12 所示，一个达人账号售价都在几千元，多的可以达到几万元，据调查，有的账号价格可以达到 4 万多元。对于购买者来说，有大量粉丝的、阅读量高的、评分较高的账号可以让他们节省前期运营时间，更快地推广自己的内容，或者通过广告、出售商品变现，所以账号的价格和粉丝量、阅读量、特殊功能、指数、内容类型等有关，粉丝量、阅读量、指数等数据越高，价格就会相应增高，但是账号通过了黄 V 认证、有原创标签等，价格就会上万，因此，这种获利方式更加促进了头条号运营者的积极性。

图 9-12

转让账号的变现方式虽然简单，但是在交易时也会存在问题，转让账号的达人都想多获利，但是账号的价格很难评估，有很多人将账号交给交易平台出售，也需要找一个靠谱的网站。有些平台会对账号进行严格评估，然后给出一个合理的价格，有些转让账号的达人或许对价格不满意，但是这些正规渠道不仅可以保障用户权益，也是对转让者的负责，所以达人在转让账号时要选择正规渠道。

三、版权方式获利

在内容为王的时代，自媒体领域成了一大产业，作为产业，短视频、文案等就有自己的版权。在今日头条上，自媒体人还可以申请专利、商标、版权，进而在平台上获利。

自媒体人发布的文章、视频、回答等都是劳动果实，是受法律保护的，可以申请版权，而具有版权的作品一经转载或引用，都是可以获利的。目前，比较受欢迎的作品有高科技类、技能类、智能终端类等，这些作品转载量高，所以是自媒体人版权获利的方向。

今日头条的流量很大，信息种类极其丰富，具有创造性价值的作品虽然无法直接申请专利，但在后期经过一定的方法转化后，就可以获得专利，从而获得利益。

注册商标之后，就可以保护自己的利益不受侵犯，虽然商标一般出现在企业中，但自媒体也可以有自己的商标。自媒体人很少注册商标，一方面是没有发现自媒体可以注册商标，忽略了商标的重要作用，也没有及时制作商标；另一方面是新媒体发展很迅速，不断出现的新事物无法让运营者制作出固定的商标。对此，运营者需要不断关注平台上的信息，及时发现可用作商标的标志，及时注册。

由于网络上经常出现文章被盗用的情况，所以版权、专利、商标成了重要的维权工具，运营者可以凭借版权投诉剽窃者，至少可以要求其删除盗用作品，还可以要求其赔偿损失，从而给自己带来知名度。

四、企业融资获利

在今日头条上有高质量内容的创作者还有可能获得企业融资，参加创业孵化培训的个人或团队也有融资对接的机会，所以企业融资对新媒体人不是梦。新媒体人中的代表 papi 酱、办公室小野都获得了企业融资，她们创作的领域是短视频，而其他领域也同样有机会获得融资。

现在涨粉速度最快的领域是短视频，papi 酱的粉丝涨到 1000 万只用了四个月，所以她获得了真格基金、罗辑思维、光源资本和星图资本的联合注资。今日头条重点扶持的领域是短视频、国风、问答等，这些领域获得融资的机会较大，而其他领域如小说、游戏、情感等都可以在平台上良性发展，其中佼佼者也不乏融资机会。自媒体想要长久发展，就要想法打造 IP，有了自己的 IP 形象，就可以拥有大量的粉丝，从而进军电商、影视等领域进行变现，企业只有看到自媒体人的实力才会进行投融资。

凡是获得了融资的自媒体人都是巨大的流量池，如果运营者没有合适的项目，就要先思考创作具体的项目；如果项目非常不错，就要思考怎样获得平台的大力推荐；获得了平台推荐，又有很大的粉丝群体，这时才可以考虑进行融资对接。

在融资过程中，融资是分为很多轮次的，我们经常听到天使轮融资、A 轮融资，融资的轮次与公司发展阶段密切相关，具体可分为天使轮融资、A 轮融资、B 轮融资、C 轮融资、Pre-IPO 融资。

天使轮融资：又叫种子融资，在这个阶段里，自媒体团队已经取得了不错的成绩，流量池已被各个企业看好，企业和自媒体团队或许合作过，或许是初次合作，企业对该团队有非常好的印象，认为可以继续发展，就给团队注入了资本，这时的注资企业就像是天使一样，所以叫天使轮融资。

A 轮融资：自媒体团队获得了进一步发展，产品有了一定规模，但是想要继续扩大运营规模还需要融资，这时企业注入的资本一般会更多。

B 轮融资：自媒体团队在资本的扶持下可以上市盈利了，但是还需要更多的资本来加持，这时的投融资可以帮助其驱动商业模式。

C 轮融资：这个阶段的公司已经具有一定的行业优势了，但还需要一轮融资来彻底打败对手、拔得头筹。在这轮融资时，团队的公司估值很难计算，融资额度需要谈判来达成一致。

Pre-IPO 融资：一般只有行业巨头才会进行这轮融资，企业在这时会有并购行为。